W0314482

ELON MUSK

DU MÊME AUTEUR

La France en colère. 500 ans de rébellions qui ont fait notre histoire, Buchet-Chastel, 2021.

100 idées reçues, contrevérités et faits insolites sur la conquête de l'espace, avec Philippe Poinas, L'Archipel, 2019.

On a frôlé la guerre atomique, L'Archipel, 2018.

Ces héros méconnus de l'Histoire, Larousse, 2018.

Folles du Führer, Elith Éditions, 2017.

Lénine, le tyran rouge, L'Archipel, 2017.

L'Inévitable Chute des empires, Trajectoire, 2017.

L'Histoire revue et corrigée en 60 uchronies, L'Opportun, 2017.

Gloire aux vaincus ! Les Plus Belles Raclées de l'Histoire, L'Opportun, 2016.

Les Manipulations les plus incroyables de l'Histoire, L'Opportun, 2016.

Les Derniers Jours des chefs nazis, First, 2015.

Les 50 Décisions les plus absurdes de l'Histoire, L'Opportun, 2015.

Ils ont échappé à la mort. Les Tentatives d'assassinat qui ont changé l'histoire de France, Tallandier, 2014.

Quand le Vatican fait l'Histoire, L'Opportun, 2014.

Raspoutine, prophète ou imposteur ?, L'Archipel, 2014.

Et si… JFK n'avait pas été assassiné en 1963 ? ou l'Histoire mondiale du XXe siècle revue et corrigée en 20 uchronies, L'Opportun, 2013.

L'Histoire en état de siège, L'Opportun, 2013.

Hannibal, l'homme qui fit trembler Rome, L'Archipel, 2012.

Jeanne d'Arc, Larousse, 2012.

(Suite p. 239)

LUC MARY

ELON MUSK

L'homme qui invente notre futur

l'Archipel

Notre catalogue est consultable à l'adresse suivante :
www.lisez.com/larchipel/45

Éditions de l'Archipel,
92, avenue de France
75013 Paris.

ISBN 978-2-8098-4094-0

Copyright © L'Archipel, 2021.

« Le futur appartient à ceux qui croient
à la beauté de leurs rêves. »

(Eleanor Roosevelt)

Introduction

Le Christophe Colomb du XXIe siècle

Elon Musk, l'homme qui défraie la chronique du futur. Depuis une bonne vingtaine d'années, il jongle avec les dollars par millions, renoue avec le rêve spatial, crée de nouveaux concepts technologiques et bouscule les idées reçues en matière de transports. Mieux encore, ses rêves refaçonnent le réel.

Un futur d'avance

Loin de l'accabler, ses premiers échecs ont renforcé sa volonté de réussir. Dès le milieu des années 1990, cet autodidacte est l'un des premiers techno-entrepreneurs à mesurer l'impact d'Internet sur notre quotidien, comme l'atteste le succès de son entreprise Zip2. Son credo est la science et son talent est de transformer une découverte scientifique en une entreprise lucrative. Depuis son enfance à Pretoria, ce grand gaillard de 1,90 mètre au visage éternellement juvénile observe l'avenir avec un temps d'avance. Obsédé par les énergies renouvelables, les transports propres ou encore le voyage interplanétaire, il s'inquiète notamment pour notre futur. À son humble avis, pour assurer son avenir, l'humanité doit sortir de son cocon et s'engager dans la colonisation d'autres planètes, à commencer par la terraformation de Mars[1]. À la différence d'un Steve Jobs ou d'un Jeff Bezos, Elon Musk entend changer le monde pour le sauver.

Féru de technologies avant-gardistes, Elon croit à l'avenir de la voiture électrique, au train sous tube et à la fusée réutilisable capable de franchir les espaces interplanétaires en l'espace de quelques semaines. Sa seule crainte est de voir l'intelligence artificielle menacer les fondements de notre civilisation dans un avenir proche. Mis au point au mois de mai 2020 par la société muskienne OpenAI, un logiciel ultra-performant pourrait bientôt mettre au rebut nos programmateurs et nos pilotes, mais aussi nos interprètes, nos poètes et nos romanciers. Répondant au doux nom de GPT-3, ce robot sait traduire, coder des programmes informatiques, disserter en mélangeant habilement poésie et humour et mener des conversations en ligne sans que soit décelée son origine artificielle. « L'IA est un danger pour l'humanité », déclare Elon en octobre 2014, lors d'un symposium organisé par le MIT (Massachusetts Institute of Technology)...

Son désir le plus cher, être inhumé sur Mars !

Certains le considèrent comme le successeur du regretté Steve Jobs. Il serait plus juste de le comparer à Howard Hughes[2], à la fois connu pour son génie créatif,

1. Modification du climat et des propriétés actuelles de la planète Mars en vue de rendre celle-ci habitable pour l'être humain.
2. Disparu en 1976, Howard Hughes fut l'un des hommes les plus riches et les plus influents des États-Unis. À la fois entrepreneur, inventeur, aviateur, constructeur aéronautique, réalisateur de cinéma et homme d'affaires, il fait figure d'Elon Musk avant la lettre.

son éclectisme et son excentricité. Dès l'année 2013, Elon Musk fait la une du magazine américain *Fortune*, qui lui attribue le titre d'homme d'affaires de l'année. Aujourd'hui, sa société SpaceX, créée en 2002, a remplacé la Nasa dans l'imaginaire collectif de ceux qui croient à l'avenir de la conquête spatiale. Assurément, Musk est l'étoile montante de la Silicon Valley et sera sans conteste l'une des personnalités marquantes de la décennie 2020. Son ambition extrême est de coloniser la planète Mars à court terme, pour en faire une seconde Terre. Elon Musk espère même y être « enterré ».

2020, l'an 1 de la reconquête de l'espace

100 000 dollars par jour, 100 heures de travail par semaine, 100 idées à l'heure et 100 tests de lancements de fusées par an. La société SpaceX, c'est d'abord celle de toutes les performances et de tous les rêves. Depuis près de vingt ans, les ingénieurs de SpaceX révolutionnent la conquête de l'espace, tout au moins sur la Terre. Leur idée première est de réduire le coût des lancements spatiaux en récupérant les fusées après chaque vol. Elon restera dans l'histoire de l'astronautique comme l'homme qui a inventé la fusée réutilisable et réussi à faire amerrir un booster. Le 30 mai 2020, sa société SpaceX est aussi devenue la première entreprise privée à satelliser des hommes. Engoncés dans des combinaisons rétrofuturistes semblant sortir tout droit du film *2001, l'Odyssée de l'espace*, ses astronautes ont relancé l'intérêt du grand public pour l'exploration du cosmos. La presse enthousiaste évoque même le « premier vol de la reconquête de l'espace ».

Le vol privé habité du 30 mai 2020 est plus qu'un énième épisode de la conquête spatiale. Il annonce avec brio l'ère du spatial pour tous et de la démocratisation du tourisme spatial. Un petit pas pour Elon, un grand pas pour l'industrie astronautique. D'une certaine façon, le fondateur de SpaceX rend l'espace plus attrayant et plus humain en réinventant le vol habité, parlant ainsi à notre âme d'enfant. En 2020, SpaceX a redoré le blason de la Nasa en devenant le symbole de la stratégie de domination américaine de l'espace. En ligne de mire, le marché privé de l'orbite basse dans un avenir proche et les grands espaces interplanétaires d'ici la fin de ce siècle.

Un grand intuitif de l'avenir… plus qu'un génial inventeur

À n'en pas douter, Elon Musk incarne à lui seul l'association de la science et de l'imaginaire, du pragmatisme et de l'audace, de l'ingéniosité et de l'ingénuité. « Il a une attitude de visionnaire convaincu que rien n'est impossible et il est déterminé à viser le long terme », constate Edward Jung, enfant prodige qui a travaillé pour Steve Jobs et Bill Gates avant de devenir le patron des architectures logicielles chez Microsoft. Et le public ne s'y trompe pas ; près de quarante millions d'internautes le suivent sur Twitter. Si d'aucuns voient en lui le Christophe Colomb du XXIe siècle, on peut sans exagération prétendre qu'il est à la fois l'héritier du génie scientifique de Wernher von Braun et du talent créatif de Walt Disney. « Il fait ce qu'il veut, et il est infatigable, confie Justine Musk, son ex-épouse. Il est Terminator : il place son regard sur un objectif et ne lâche jamais avant de l'avoir atteint. » Et il ne renonce jamais à ses rêves. Dans une usine de Tesla, l'entrepreneur n'hésite pas à installer un lit de camp pour corriger les défauts d'une ligne de montage – ou à se lancer dans l'aventure spatiale sans avoir fait la moindre étude avancée en matière d'astronautique.

Plus encore qu'inventer des objets technologiques, son grand mérite, pour ne pas dire son génie, est de savoir dénicher les idées porteuses d'avenir. Sans créer un produit révolutionnaire, Elon pressent et repense la façon de l'utiliser. Elon Musk a le sens du futur. C'est le cas avec le défi Tesla. Sans être le concepteur de la célèbre entreprise automobile, Elon Musk a su flairer la nouveauté technologique en contactant les ingénieurs Eberhard et Tarpenning. Pour mener à bien leur projet de voiture électrique, les deux Californiens héritent de près de 6,5 millions de dollars de la part du créateur de SpaceX. Le succès est immédiat. En l'espace de quelques années, la petite entreprise installée à Menlo Park dame le pion aux géants de l'industrie automobile. Avec Tesla se dessine le monde de l'après-pétrole…

Un visionnaire au tempérament excentrique

Stakhanoviste de l'industrie spatiale et automobile, l'homme de tous les défis est aussi celui de tous les excès. C'est l'envers du décor. D'aucuns dénoncent sa mégalomanie, son irascibilité chronique ou encore sa vulgarité et son excentricité. « Il jure comme un matelot, y compris en présence de femmes et d'enfants », raconte, indigné, un certain Bill Currie, ingénieur et salarié de Tesla. Il est aussi intraitable avec les salariés qui le déçoivent, exigeant en permanence la ponctualité, l'efficacité et la persévérance au travail. Selon son biographe Ashlee Vance, il aurait viré sur-le-champ celle qui était sa collaboratrice depuis douze ans, Mary Beth Brown, au prétexte qu'elle aurait demandé une augmentation. « Elon ne tolère pas les acteurs de seconde catégorie », commente Steve Jurvetson, un homme d'affaires doublé d'un capital-risqueur qui a beaucoup investi dans les entreprises fondées par le Sud-Africain, en particulier chez SpaceX et Tesla.

Ne résistant pas aux sirènes de la provocation, Elon Musk n'hésite pas à fumer des joints en pleine interview, à jouer avec ses employés à des parties de jeux vidéo d'anthologie, à virer ses collaborateurs les plus chers sur un coup de tête ou à baptiser son septième fils d'un nom imprononçable de robot sorti tout droit de *La Guerre des étoiles*. En février 2018, « l'homme qui invente notre futur » s'est même offert le luxe de placer en orbite une voiture électrique au moyen de sa fusée géante *Big Falcon Rocket*. Depuis plus de trois ans, un Tesla Roadster rouge décapotable du milliardaire dérive ainsi dans l'espace sur une musique de David Bowie. Ainsi se réalisent les rêves de ceux qui ont la foi…

À l'heure de la crise sanitaire la plus grave depuis plus d'un siècle, l'homme qui aspire à agrandir la maison humaine vers les étoiles multiplie les déclarations fracassantes et tempête contre le confinement qu'il qualifie de « fasciste », de « liberticide ». « C'est violer les libertés des individus de manière horrible », s'insurge-t-il. Quoi qu'il en soit, l'homme aux 188 milliards de dollars réussit ses paris. D'après les critères du site Bloomberg, Elon Musk est désormais l'homme le plus riche du monde, tout juste devant Jeff Bezos et Bill Gates. En 2020, son capital s'est même accru de 88 milliards de dollars, soit la plus forte progression observée parmi les hommes les plus riches de la planète.

Le businessman qui va changer le monde

En l'espace de trente ans, ce Sud-Africain exilé en Amérique s'est fait une place au panthéon des grands businessmen. Hyperloop, Neuralink, OpenAI, Cybertruck : Elon multiplie les projets fous et les entreprises high-tech. Du train ultrarapide sous tube au défi de l'intelligence artificielle, toutes les voies de l'avenir technologique sont explorées. Slalomant entre les robots, les vaisseaux spatiaux, les voitures futuristes et les milliards de dollars à gogo, il est le véritable Tony Stark ; les créateurs d'Iron Man ne s'en cachent pas, l'entrepreneur le plus délirant de la planète est l'inspirateur direct de leur super-héros.

Faute de venir du futur, Elon Musk l'explore quotidiennement par la pensée. Malgré ses détracteurs, Musk a révolutionné le commerce, la technologie et même nos rêves. En cette aube des années 2020, nous assistons, sans exagération, à la naissance d'un phénomène. Si le xxe siècle a été celui d'Albert Einstein ou de Howard Hughes, le xxie sera sans doute celui d'Elon Musk.

Première partie

Elon avant Musk

(1971-2002)

« La vie est une aventure audacieuse ou elle n'est rien. »

(Helen Keller)

Elon Musk, plus qu'un entrepreneur… Son nom ne suscite jamais l'indifférence. D'aucuns crient au génie quand d'autres parlent de folie mégalomaniaque. Depuis près de vingt ans, il clame haut et fort vouloir conquérir Mars et transformer la planète rouge en une seconde Terre habitée. Depuis l'âge de trente-quatre ans, il est l'homme de toutes les révolutions technologiques. Le futur, il veut non seulement le préparer, mais le construire.

Il s'intéresse à l'avenir de notre planète et de l'humanité sous toutes ses formes. De l'énergie solaire à l'intelligence artificielle en passant par la voiture électrique et bien sûr l'exploration de l'espace, tout ce qui constitue un enjeu technologique pour notre avenir l'interpelle.

D'où vient-il ? Qui est-il ? Que cache-t-il ? L'entrepreneur le plus extraordinaire et le plus déjanté de la planète a vu le jour à Pretoria, le 28 juin 1971. Né d'un père ingénieur mécanicien et d'une mère diététicienne et ex-mannequin, le jeune Elon a grandi en Afrique du Sud, marqué durablement par la culture afrikaner blanche. Cet enfant gauche, solidaire et imaginatif préfère fuir l'enfer du quotidien sud-africain pour explorer par la pensée des mondes distants de plusieurs dizaines d'années-lumière. Ainsi naît *Blastar*, un jeu vidéo de guerre interstellaire conçu dès l'adolescence. En 1995, à vingt-quatre ans, pariant avant tout le monde sur l'avenir d'Internet, il crée sa première start-up à Palo Alto : Zip2, une espèce d'annuaire en ligne pour les entreprises. En la revendant à la société Compaq quatre ans plus tard, il hérite de plus de 22 millions de dollars et se lance dans les services financiers en créant la première banque en ligne. C'est la double fondation de X.com puis de PayPal.

1

Une enfance sud-africaine

« L'Afrique du Sud était comme une prison pour quelqu'un comme Elon. »
(Kimbal Musk, frère cadet d'Elon)

S comme SpaceX et B comme *Blastar*. *A priori*, rien ne réunit la société spatiale privée la plus célèbre du globe et ce jeu vidéo de *space opera* tombé dans l'oubli. À une exception près : ils ont le même concepteur, Elon Musk. Créé en 1984, *Blastar* est même la première signature technologique de notre jeune prodige. Alors âgé de douze ans, Elon est un fan d'informatique captivé à la fois par la conquête de l'espace et la science-fiction. Étalé sur 167 lignes de programme, le principe de son jeu vidéo est simple et d'une flagrante banalité : détruire des astronefs extraterrestres avant leur débarquement sur notre bonne vieille Terre. Aujourd'hui, Musk décrit sa création informatique de jeunesse comme « un jeu sans intérêt... mais meilleur que *Flappy Bird* ».

Sans être révolutionnaire, *Blastar* rapporte 500 dollars à son créateur[1]. Il démontre aussi que la passion de

1. Elon vend le code source de sa première création à un magazine spécialisé sud-africain, *PC And Office Technology*, qui le publie en décembre 1984. Ancien programmeur chez Google ayant par la

Musk pour le cosmos ne date pas d'hier. Mieux encore, depuis l'âge de douze ans, le jeune Elon, enfermé dans sa coquille, nourrit des aspirations métaphysiques en se persuadant que son existence personnelle est indissociable de la future place de l'homme dans l'univers. De là à crier à une mégalomanie précoce, il n'y a qu'un pas que certains franchiront allégrement. Non, Elon est avant tout un grand rêveur ; il aspire seulement à réaliser ses rêves de son vivant.

L'avenir d'Elon commence à quatorze ans…

« La seule chose qui ait un sens est de lutter pour une meilleure clairvoyance collective », déclare le jeune Elon. Âgé de tout juste quatorze ans, l'adolescent sud-africain fait déjà preuve d'une incroyable maturité philosophique. L'enfant aurait-il grandi trop vite ? Pas tout à fait. Son environnement social et spatial n'est sans doute pas étranger à cette prise de conscience. Depuis ses premiers pas à Pretoria dans les années 1970, le jeune Elon est en effet confronté au climat malsain qui mine la société sud-africaine depuis plusieurs décennies. Plongé en plein apartheid[1], l'enfant connaît les temps de la discrimination et ceux de l'extrême violence qui divise l'Afrique du Sud et oppose cruellement les communautés, en particulier les Noirs et les Blancs. Pas plus tard qu'en juin 1976, alors qu'Elon est tout juste âgé de cinq ans, éclatent les dramatiques émeutes

---

suite intégré SpaceX, Tomas Lloret Llinares a reproduit le fameux jeu en 2015 et l'a rendu accessible à tous.

1. Instituée en 1948, cette « politique dite de développement séparé » est abolie en 1990. La politique d'apartheid est le résultat de « l'anxiété historique des Afrikaners obsédés par leur peur d'être engloutis par la masse des peuples noirs environnants ».

de Soweto, le *township* le plus peuplé mais aussi le plus pauvre de Johannesburg. Pour disperser la foule menaçante, la police sud-africaine n'hésite pas à tirer à bout portant sur les manifestants, provoquant la mort de vingt-trois d'entre eux. Même si les émeutes raciales n'atteignent pas Pretoria, pourtant située à moins d'une heure de route de Johannesburg, Elon et sa famille sont durablement ébranlés par ces événements dramatiques.

Vive le Guide du voyageur galactique*!*

Son adolescence est ainsi conditionnée par la peur des autres. Resté la plupart du temps cloîtré chez lui, il devient solitaire et s'adonne à la conception de son propre univers. Pour mieux échapper à l'enfer de la société sud-africaine, il lit toute la journée des bandes dessinées de science-fiction, quand il ne crée pas des jeux axés sur l'imaginaire spatial. Son énergie n'a d'égale que ses rêveries.

À l'école, il fait souvent bande à part et aime se ressasser les histoires lues la veille. Sa grande mémoire visuelle lui permet en effet de retenir des chapitres entiers au mot près. À l'heure où les autres garçons s'amusent, jouent au football ou se chamaillent pour gagner le cœur des filles, le fils aîné d'Errol et Maye préfère s'égarer dans la lecture assidue de livres ésotériques ou fantastiques qui excitent son imaginaire et son insatiable curiosité. « Lorsque plein de gens se rendaient à une grande fête et passaient un bon moment à boire et parler de toutes sortes de choses comme le rugby ou le sport, vous vous aperceviez qu'Elon avait trouvé la bibliothèque de leur hôte et parcourait ses livres », confie son père à *Bloomberg News*. Un vrai « rat de bibliothèque » qui n'hésite pas à dévorer des heures durant des ouvrages portant sur des aventures spatiales ou intemporelles.

La librairie du quartier devient rapidement sa seconde maison. Les livres d'Asimov, de Heinlein et de Tolkien emportent sa totale adhésion. Avec une mention spéciale pour l'ouvrage de Douglas Adams ! Intitulé *Guide du voyageur galactique*, ce livre hors normes manie l'humour spatial à sa guise. On apprend ainsi, dès le début de cette histoire rocambolesque à plus d'un titre, que la Terre va être détruite dans les deux minutes, car elle a la malchance de se trouver sur le tracé d'une future voie express interstellaire. À noter que les hommes ont été prévenus de l'échéance fatale par une pancarte plantée depuis cinquante ans sur une planète d'Alpha du Centaure nichée à environ quatre années-lumière[1]. Malheureusement, aucun Terrien n'a jamais mis les pieds sur cette planète ! Mieux encore, le meilleur ami du héros ne serait qu'un alien en provenance de Bételgeuse dont le passe-temps favori serait de faire de l'autostop sur la route des étoiles. L'auteur fait même parler Dieu : « Je refuse de prouver que j'existe, car prouver c'est renier la foi, et sans foi, je ne suis plus rien. » Un guide où l'on s'aperçoit que pour faire fonctionner un « générateur d'improbabilité infinie », un engin capable de franchir les distances qui séparent les étoiles en une fraction de seconde, il suffit d'y ajouter une bonne tasse de thé chaude avant d'aller casser la croûte au « Dernier Restaurant avant la fin du monde ».

Les histoires du *Guide du voyageur galactique*, de simples anecdotes ? Pas vraiment. Car Elon ne jure que par ce *space opera* loufoque, proche de l'esprit délirant

---

1. Une année-lumière représente la distance que franchit la lumière en l'espace d'un an. Soit environ 10 000 milliards de kilomètres. En termes de temps lumière, le rayon de notre système solaire ne dépasse pas six heures.

des *Monty Python*. Plus que tout cours de physique ou d'histoire suivi au lycée, l'ouvrage fétiche de Douglas Adams est sa bible ; indiscutablement, le *Guide du voyageur galactique* a forgé son imaginaire, orienté son comportement atypique et déclenché sa passion pour l'exploration spatiale. « Il montre que l'une des choses vraiment difficiles est de savoir quelles questions poser », affirme Musk dans une biographie américaine[1] ; « une fois que j'ai trouvé la question, la réponse est relativement facile… ».

Un esprit d'aventure bien ancré dans la famille

À l'école, sa personnalité hors normes suscite des questions quand elle ne provoque pas des railleries, notamment sur son prénom, Elon. Pour le moins singulier, il est hérité de son arrière-grand-père, John Elon Haldeman ; un personnage que le jeune Musk tient en haute estime et qui a vécu dans le Minnesota, dans une modeste cabane en rondins, au tout début du XXe siècle. Mais l'homme auquel Elon voue une admiration totale est sans conteste Joshua, le fils de John Elon. À l'instar du futur créateur de SpaceX, le dénommé Joshua n'était pas dépourvu d'excentricité. Tour à tour ouvrier du bâtiment, artiste de rodéo et chiropracteur, le grand-père maternel d'Elon était un grand gaillard de 1,90 mètre, lui aussi, qui s'était même engagé en politique et pilotait quotidiennement son aéroplane (une passion pour tout ce qui vole rappelant singulièrement celle d'Elon pour les fusées). Installé au Canada, dans la province de Saskatchewan, cet homme à l'ambition démesurée n'hésita pas à tout vendre, de

1. Ashlee Vance, *Elon Musk*, Eyrolles, 2015.

sa maison à son cabinet de chiropracteur en passant par l'école de danse de sa femme[1], pour venir s'installer de l'autre côté de l'Atlantique, au beau milieu de l'Afrique du Sud.

Loin de se contenter de ce nouveau havre de paix, les Haldeman ne résistent pas à leur soif de découvertes et d'aventures. Pour la seule année 1954, nous précise Ashlee Vance, biographe d'Elon Musk, le couple a parcouru près de 50 000 kilomètres en avion (à une époque où le voyage aérien ne s'était pas encore démocratisé). Sans compter leurs interminables excursions dans la brousse ! Après avoir exploré de fond en comble le désert de Kalahari dans l'espoir de retrouver les éventuelles traces d'une quelconque cité perdue, le couple Haldeman et ses cinq enfants ont régulièrement sillonné le bush et installé leurs feux de camp au milieu de nulle part, dépourvus de moyens de communication et sans réellement se soucier des hyènes et des léopards qui rôdaient autour du campement. Un soir d'été, le camion des Haldeman, entrant en collision avec un tronc d'arbre qui barrait la route, est resté trois jours coincé dans le désert sans pour autant que Joshua et sa famille ne s'effraient de la situation. Il leur a pourtant fallu chasser les animaux sauvages pour pouvoir survivre et manger à leur faim. Des excursions déjouant à de multiples reprises les dangers de la nature et dont les récits épiques répétés par sa grand-mère ont durablement impressionné le jeune Elon.

1. Répondant au surnom de « Wyn », Winnifred Josephine Fletcher était monitrice de danse.

L'esprit de Joshua demeure…

Même si Elon n'a jamais connu son grand-père maternel, disparu en 1972 à la suite d'un accident d'avion, il n'en reste pas moins présent dans son esprit. Comme si Joshua survivait en lui. Elon a en effet hérité directement du goût exacerbé du danger et de l'aventure qui a rythmé toute la vie de son aïeul. Le sens de l'aventure de Joshua était tel qu'il prenait des risques inconsidérés, partant sans radio et sans instruments de navigation à bord de son bimoteur. Mieux encore, il préférait se diriger depuis les airs à partir de simples cartes routières, pour le simple plaisir de s'égarer et de retrouver sa route. Un apprentissage de la survie dans la nature, en quelque sorte. Selon Joshua Haldeman, de telles aventures ne pouvaient qu'exercer un effet bénéfique sur ses enfants. Des épreuves qui les rendraient plus forts, plus persévérants et plus humains pour la vie à venir, tout au moins selon sa vision. Nonobstant, l'éducation de son grand-père était très relâchée. Même s'il prohibait chez lui toute forme de jurons et interdisait de fumer ou encore de boire du Coca-Cola en sa présence, Joshua était partisan du « laisser-faire éducatif ». Autrement dit, les enfants Haldeman pouvaient brailler dans la maison, rentrer à n'importe quelle heure ou refuser de déjeuner avec les parents, Joshua et Winnifred les laissaient agir en adultes responsables. Même leur travail scolaire n'était jamais suivi. Non par indifférence ou par démission, mais parce que Joshua avait une confiance aveugle en l'intelligence de sa progéniture. En résumé, ses enfants étaient les meilleurs et resteraient les meilleurs…

Assurément, Elon a été durablement marqué par les récits de sa grand-mère maternelle. Quand d'autres adulent Superman ou Spiderman, Elon voue un culte inextinguible à son grand-père, le héros de son enfance. À tel point que devenu adulte, il essaiera de retrouver, mais en vain, l'avion de Joshua, un Bellanca rouge, abandonné dans le désert après une excursion mouvementée.

De la « maison du bonheur » à l'enfer scolaire

Maye Musk, la première, idéalise son père. Femme de tête, férue de sciences, la mère d'Elon est, aussi, bien pourvue par la nature. Élancée et raffinée, elle est aussi belle qu'élégante. Après son entrée à l'école de mannequinat, peu s'en faut qu'elle ne finisse Miss Afrique du Sud. Au bout du compte, elle devient diététicienne. À l'inverse, le père d'Elon, Errol Musk, n'est pas un bosseur-né, mais il est d'une persévérance à toute épreuve. Il rencontra ainsi Maye alors qu'elle n'avait pas onze ans. Amoureux éconduit pendant plus de sept ans, il lui fait la cour jusqu'à ce qu'elle craque, peu après ses dix-huit ans. « Errol est tombé amoureux de moi à cause de mes jambes et de mes dents », ironise Maye[1]. Toujours est-il qu'il finit par l'épouser, un beau matin de septembre 1970, à Pretoria. Et neuf mois et deux jours plus tard vient au monde le petit Elon, le premier enfant d'une famille qui en comporte trois[2]...

---

1. Aujourd'hui encore, Maye Musk, âgée de soixante-douze ans, est un mannequin très célèbre aux États-Unis. En 2017, à soixante-neuf ans, elle est surnommée « la reine de la Fashion Week de New York » par le tabloïd britannique *Daily Mail*. La mère d'Elon est aussi considérée comme « le mannequin du moment » par le mensuel *Vanity Fair*, qui la qualifie en outre de « *it-girl* ».
2. Dans les trois ans qui suivent naissent son frère Kimbal et sa sœur Tosca.

Fils aîné et choyé d'un ingénieur mécanicien surdoué et d'une mannequin diététicienne, Elon connaît une enfance radieuse. Tout au moins chez lui, où il peut librement s'adonner à ses passions littéraires et informatiques. Dès l'âge de sept ans, il exprime aussi son goût pour la conquête de l'espace. Faute de fusées en kit, il crée ses propres mélanges chimiques, n'hésitant pas à fabriquer sa poudre à canon avec du salpêtre, du soufre ou encore du charbon de bois. Réunissant le tout dans de vulgaires boîtes en fer blanc, il explose de joie en voyant sa première fusée de fortune s'élever de quelques dizaines de mètres dans les airs. Sa soif de connaissances est en effet à la mesure de son aptitude indéniable pour les travaux pratiques, encouragée par Errol Musk.

Avec son père touche-à-tout et son frère, Kimbal, Elon apprendra ainsi à réparer des ordinateurs, à faire du ciment ou encore à brancher l'électricité. Sans compter les multiples voyages à l'étranger avec sa famille, notamment en Amérique du Nord, la terre natale de son grand-père. En 1979, le divorce de ses parents ne tarit en rien l'admiration qu'Elon voue à son père. Bien au contraire[1]. Mais la vie ne s'arrête pas au cercle familial et à l'ambiance bon enfant de la maison de Pretoria. Rattrapé par le climat délétère qui gangrène la société sud-africaine, Elon a toutes les peines du monde à se faire respecter dans le milieu scolaire, où il est régulièrement pris à partie par « une bande de connards désaxés[2] » sans états d'âme. Isolé, malingre et avec sa tête de premier de la classe, le jeune Musk est une cible idéale pour des adolescents sadiques en mal de sensations fortes. Un matin de 1985, alors qu'Elon est âgé de quatorze ans,

1. Elon et Kimbal décident de rester vivre avec leur père.
2. Selon les propres mots d'Elon Musk.

l'un de ses « camarades » le pousse carrément au bas de l'escalier de l'école. Pire encore, d'autres élèves se précipitent vers lui pour le passer à tabac. Après avoir perdu connaissance, Elon est hospitalisé pendant près d'une semaine…

Son retour de l'hôpital ne sonne en rien l'heure de l'accalmie. Quand certains lui reprochent de ne pas s'impliquer dans les activités sportives de l'école, un « crime » dans ce milieu afrikaner idéalisant l'athlétisme et le culte du corps, d'autres élèves ne supportent pas les prises de position d'Elon en matière d'écologie. Apologiste de l'énergie solaire aux dépens des hydrocarbures, le fils d'Errol Musk apparaît en effet comme un véritable traître dans un pays résolument tourné vers l'exploitation des mines de charbon. Assurément, l'Afrique du Sud n'est pas l'endroit le plus emballant du monde pour un gamin rêvant quotidiennement de grandes réalisations technologiques. N'aspirant qu'à rejoindre la Silicon Valley, il a pour plus cher désir de quitter cet enfer austral au plus vite et de sauter dans le premier avion pour l'Amérique…

2

Welcome in America

« Nous sommes en train de changer le monde, de changer l'histoire, et vous en êtes ou pas. »

(Elon Musk, 2016)

Juin 1988. Elon Musk débarque au Nouveau Monde. Et celui-ci commence par le Canada, la terre de son aïeul, le vénéré Joshua. À tout juste dix-sept ans, il ne devait plus jamais revoir sa terre natale, l'Afrique du Sud. Plus encore que l'attrait de la nouveauté et de l'aventure technologique, c'est d'échapper au service militaire auquel il était astreint dans son pays qui aurait motivé Elon. Lors de sa dernière année à Pretoria, il s'était inscrit à l'université, pour y suivre vaguement des cours de physique quantique. Mais son esprit était ailleurs, de l'autre côté de l'Atlantique, sur cette terre lointaine dont on vantait l'esprit d'initiative et d'innovation. « L'Amérique, je veux l'avoir et je l'aurai », clame une célèbre chanson de Joe Dassin. Une fois muni du « sésame » tant attendu, à savoir l'obtention de la nationalité canadienne (grâce à sa mère !), Elon a tôt fait de prendre son envol pour Montréal. Une nouvelle vie commence…

18 dollars de l'heure dans une scierie à Vancouver

Parachuté dans un premier temps dans la capitale du Québec, sans diplômes ni argent, l'adolescent de dix-sept ans est entièrement livré à lui-même. Cherchant en vain dans son carnet d'adresses des amis de ses grands-parents, Elon décide d'acheter un billet d'autocar pour foncer vers les grandes prairies de Saskatchewan, la province natale de son illustre grand-père Joshua. Un parcours de plus de trois mille kilomètres réalisé au moyen d'un seul billet de 100 dollars. Malheureusement, une fois arrivé sur place, Elon déchante. Pas la moindre trace de son grand-père, et la modeste maison de Joshua a été rasée depuis belle lurette[1]. Nonobstant, l'adolescent persiste. L'aventure nord-américaine ne peut tourner au cauchemar ; il croit en sa destinée…

Sillonnant ensuite le Canada d'est en ouest, toujours à bord de son autocar, Elon quitte le Saskatchewan, traverse l'Alberta avant de débarquer en Colombie-Britannique, dans la magnifique cité côtière de Vancouver. Comme son grand-père après son expulsion de sa propriété, Elon enchaîne les petits métiers ; non pas ouvrier du bâtiment ou artiste de rodéo, mais cultivateur ou bûcheron, quand il ne nettoie pas des chaudières à pulpe de bois dans une scierie. Pour un modeste salaire de 18 dollars l'heure[2], l'adolescent de Pretoria n'hésite pas à travailler accroupi toute la journée au fond d'un trou aussi exigu que crasseux, pour en extraire de la boue, du sable et du « paillis » fumant au milieu d'une chaleur infernale. Un travail à haut risque, quand on sait

1. Criblé de dettes au début des années 1930, Joshua s'était vu saisir son exploitation de 2 000 hectares.
2. Pour un salaire qui représente toutefois deux fois plus de rentrées que les jobs exercés précédemment.

que la chaudière en question se limite à un petit tunnel servant à la fois d'entrée et de sortie. Que celui-ci vienne à se boucher et la vie de l'employé ne tient plus qu'à un fil. Qui plus est, pour échapper à l'hyperthermie, les ouvriers de l'usine doivent changer de position tous les quarts d'heure. Au dire d'Elon, le travail dans cette scierie l'aurait marqué à vie. Son activité de nettoyeur de chaudière n'a pas duré une semaine. Quatre jours, pour être exact[1], mais ces quatre longues journées de stress à crever de chaleur au fond d'un trou sont certainement les plus pénibles qu'il ait vécues.

Le temps des études et des rencontres

Travaillant parfois cent vingt heures par semaine pour un salaire dérisoire et dormant à même le sol dans des usines désaffectées, Elon pourrait commencer à douter du rêve nord-américain. C'est alors que débarque Kimbal. Sa vie change du jour au lendemain. Aux côtés de son frère cadet, il recouvre soudain son énergie, son enthousiasme et son envie inextinguible de découvertes. À Kingston, dans l'Ontario, Elon décide de reprendre le chemin des études en entrant à la Queen's University. Quand il ne s'adonne pas à l'étude de la physique et de l'économie, l'adolescent en profite pour élargir le cercle de ses connaissances. Avec son frère Kimbal, Elon passe ainsi le plus clair de son temps à appeler les personnes les plus en vue de la région. Des journalistes, des patrons, des industriels, des businessmen, enfin tous ceux susceptibles de fournir aux frères Musk de précieux renseignements quant à la création et au mode

1. Un record, si l'on songe que rares sont les employés qui reviennent après le premier jour.

de fonctionnement d'une future entreprise. Comme ils sont toujours à court d'argent, leur objectif le plus pressant est de trouver un emploi satisfaisant pour le portefeuille et pour l'esprit dans un avenir relativement bref.

Et leur persévérance d'être payante. Un matin du printemps 1990, Elon et Kimbal rencontrent un certain Peter Nicholson, le patron de la Bank of Nova Scotia. Un rendez-vous concluant à plus d'un titre. Impressionné par le culot et la débrouillardise de ses jeunes interlocuteurs, Nicholson propose ainsi un stage d'été dans sa banque aux deux adolescents pour un salaire modique de 14 dollars l'heure. Un revenu insuffisant au regard des multiples dépenses des Musk, à commencer par leurs exorbitants frais de scolarité. Toujours en quête de « thunes », Elon exploite alors son savoir-faire en matière d'informatique pour vendre au noir à d'autres étudiants des ordinateurs réparés par ses soins. « Je pouvais construire quelque chose pour répondre à leurs besoins, comme une machine à sous décorée ou un simple logiciel de traitement de texte qui coûtait moins cher que ce qu'ils pouvaient avoir en magasin », confie Musk dans les colonnes du magazine *Business Insider France*[1].

Une fille nommée Justine…

Sur les bancs de la fac, Elon nage dans le bonheur le plus total. Au moins sur le plan intellectuel. À la grande différence de ses condisciples en Afrique du Sud, ses camarades ne lui rient plus au nez ou ne le frappent pas

1. Un magazine d'information sur l'économie, la technologie et l'innovation publié sur Internet.

quand il leur parle de ses projets en matière de consommation d'énergie, d'astronautique et d'automobile électrique. Les moqueries, les quolibets et les coups ont maintenant fait place aux conversations passionnées, à la complicité intellectuelle et aux verres entre amis. Qui plus est, Elon commence à s'intéresser de très près aux charmes de la gent féminine. Si Christie Nicholson, la propre fille de son patron banquier, retient un moment son attention, c'est surtout une camarade de fac, une certaine Justine Wilson, qui remporte la palme de la séduction. D'emblée, Elon craque pour cette brunette pimpante aux jambes de gazelle et au tempérament de feu. Sportive[1] et intello, elle est *a priori* trop parfaite pour s'intéresser à ce jeune étudiant exilé, obsédé par les voitures électriques, sans argent et au physique d'adolescent attardé. Lors du premier rendez-vous, Justine pose carrément un lapin au jeune homme de dix-neuf ans, prétextant vaguement un examen à préparer. Mais c'est sans compter l'esprit de persévérance qui anime Elon. Tout comme pour ses fusées de fortune, l'enfant de Pretoria naturalisé canadien ne s'avoue jamais vaincu. Un jour, il frappe à la porte de sa chambre universitaire avec deux cornets de glace au chocolat. La jeune femme oppose une fin de non-recevoir. Un autre jour, Elon lui offre un bouquet de roses, chacune renfermant un petit mot galant. Sans compter les interminables coups de téléphone. Quand Justine ne décroche pas, il peut laisser sonner quarante fois de suite. Fatiguée par ce prétendant pour le moins collant, Justine n'en pince que pour les écrivains d'un certain âge. Mais voilà qu'un *geek* aux allures d'adolescent l'assaille jour et nuit. Des dizaines de fois, Justine

1. Justine Wilson est ceinture noire de taekwondo.

exprime son intention d'arrêter toute relation avec Elon, mais c'est mal connaître la complexité de la psychologie féminine. Tout en repoussant régulièrement ses avances, elle finit toujours par lui pardonner ses assauts. Au fil des mois, la jeune femme lâche du lest. Personnage ô combien paradoxal, son camarade de cours l'intrigue plus qu'il ne l'agace. Aussi gauche que puéril, Elon lui paraît par ailleurs brillant et intéressant. « Peu à peu, il m'a eue », confie la jeune femme au biographe Ashlee Vance.

« Le Soleil sera découvert demain »

En 1992, après deux ans passés à la Queen's University, Elon change de fac, et même de ville et de pays. Laissant Justine à Kingston[1], l'exilé de Pretoria atterrit ainsi à Philadelphie, aux États-Unis, à la Wharton School, pour y poursuivre des études d'économie, des cours financés grâce à une bourse. Entamant ensuite un cycle de physique nucléaire à l'université de Pennsylvanie (dite « Penn »), Elon rencontre un certain Adeo Rossi, un grand gaillard quelque peu excentrique mais surtout un vrai copain avec qui il se trouve beaucoup d'affinités. Ensemble, ils décident ainsi de louer une grande villa située hors du campus. Pour répondre à leurs éternels besoins d'argent (malgré leur bourse), les deux étudiants transforment leur maison de dix chambres en boîte de nuit. Débordant d'idées et d'énergie à l'exemple d'Elon, son nouvel ami prend ainsi l'initiative de couvrir les fenêtres de sacs poubelle afin de plonger les pièces dans le noir. Quant à Elon, après avoir œuvré dans la réparation d'ordinateurs à Kingston, il s'improvise barman

1. Sans pour autant la quitter. Ambitionnant de devenir écrivain, faute d'en épouser un, la jeune femme rejoint ensuite régulièrement Elon à New York, le temps d'un week-end entre amoureux.

à Philadelphie, le temps des weekends, dans sa propre maison. À raison de cinq dollars l'entrée pour chaque participant et de cinq cents personnes par soirée, le futur milliardaire avouera plus tard dans la presse que ce petit boulot clandestin lui permettait de récolter en une seule nuit l'argent nécessaire pour payer un mois de loyer.

Au dire d'Adeo Rossi, ces fêtes nocturnes de Philadelphie étaient surréalistes. Quand lui s'excitait comme un fou au milieu des convives, Elon ne dansait jamais, ne buvait pas et se contentait de compter le fric rapporté. « C'était un mec ultra-coincé », commente Rossi…

Même pendant ces fêtes nocturnes, Elon ne peut s'empêcher de penser à ses lubies, à savoir les jeux vidéo, les fusées ou les supercondensateurs. Depuis quelque temps, le sujet du défi de l'énergie dans un avenir proche est dans toutes ses conversations. En décembre 1994, Musk rédige même un « devoir » intitulé « Le Soleil sera découvert demain ». Un vrai sens de la formule. Âgé alors de vingt-trois ans, l'étudiant de la Wharton School souligne la nécessité de privilégier au plus vite les énergies renouvelables, faute de quoi l'humanité serait condamnée à court terme. Et Musk d'expliquer le fonctionnement de sa future station solaire. Placée en orbite géostationnaire, la centrale spatiale déploierait des panneaux de plus de quatre kilomètres d'envergure. À 36 000 kilomètres d'altitude, les collecteurs recevraient en effet huit fois plus d'énergie solaire que sur la Terre. Renvoyant ensuite au sol les rayons en provenance du Soleil sous forme de micro-ondes, cette énergie inépuisable pourrait répondre aux futurs besoins en électricité de l'humanité sans pour autant polluer la planète[1]…

---

1. Jugé bon et bien écrit, son devoir décroche la note de 98 sur 100.

3

Le futur s'écrit sur Internet

« L'énergie d'Elon Musk n'avait pas de limite. »

(Bruce Leak, ingénieur en chef du QuickTime d'Apple)

Octobre 1995. Titulaire d'une licence de physique et d'économie, Elon Musk voit grand, il entend poursuivre un doctorat en science des matériaux à Stanford[1]. Il n'y reste que deux jours ! La raison : sa passion dévorante pour un média appelé selon lui à un grand avenir, Internet. En ce milieu des années 1990, Amazon est embryonnaire, Google n'est qu'un songe et Facebook n'existe pas encore. Avant de regarder vers la planète Mars et l'infiniment grand, notre jeune diplômé de vingt-quatre ans est en effet interpellé par le monde de l'infiniment petit. À n'en pas douter, l'idée d'une start-up informatique naît au cours de ses stages dans

1. À Stanford, un groupe d'ingénieurs quelque peu avant-gardiste essaie de mettre au point, dans un vieux hangar, la future voiture solaire. Un projet qui aurait très bien pu attirer le jeune Elon, passionné par les énergies renouvelables. Cependant, l'univers académique de Stanford ne correspondait pas à l'état d'esprit d'Elon. Il a donc rapidement quitté le campus pour travailler. En cas d'échec, il envisageait toutefois retourner à Stanford.

la Silicon Valley. Travaillant comme un forçat, Elon veut aller plus vite que le temps, quitte à sacrifier son sommeil sur l'autel de sa réussite…

Le « stakhanoviste » de la Silicon Valley

Depuis l'été 1994, parachuté dans la Silicon Valley, Elon slalome entre deux sociétés, la Pinnacle Research Institute et la Rocket Science Games. La première entreprise travaille sur les supercondensateurs haute densité comme nouveaux moteurs révolutionnaires pour les futures voitures électriques, la seconde start-up invente des jeux vidéo contenus dans des CD et non plus à l'intérieur de simples cartouches.

Au sein de la Pinnacle Research, le fraîchement diplômé de « Penn » évolue comme un poisson dans l'eau. Cette société high-tech répond à la fois à son goût pour l'astronautique et à sa passion pour la science-fiction. Quand Elon est fatigué d'imaginer des supercondensateurs censés alimenter les moteurs des fusées, il conçoit des plans de sabres laser tout droit sortis du film *Star Wars*. Là réside aussi le secret de la future réussite d'Elon ; quels que soient les obstacles rencontrés et quels que soient ses soucis, il ne cesse de croire à ses rêves d'enfant. C'est d'ailleurs un rêve d'enfant, la création de *Blastar*[1], qui le conduit à rejoindre l'équipe déjantée de la Rocket Science Games[2] de Palo Alto. À partir de 17 heures, et ce tous les jours durant l'été 1994, Elon ôte ainsi son habit de physicien pour revêtir celui de créateur de jeux vidéo. Son travail est pourtant pénible et ardu : il consiste à rédiger d'interminables

1. Voir chapitre 1, p. 19.
2. La société en question devait déposer son bilan en 1997, faute de réussite commerciale.

fichiers supposés faciliter la connexion entre les souris et les manettes de jeux vidéo. Tout un programme, dans tous les sens du terme…

Un « rendez-vous raté » riche d'avenir ?

C'est au cours d'un stage à la Rocket Science Games en juillet 1995 qu'Elon nourrit l'idée d'annuaire téléphonique en ligne qui va faire le bonheur de sa première start-up. À l'instar de nombreuses inventions qui ont rythmé la grande histoire de l'humanité, tout commence de façon fortuite, pour ne pas dire anodine[1]. Un soir de juillet, un délégué des « Pages jaunes » locales vient frapper à la porte de l'entreprise de jeux vidéo. Sa démarche est simple : arracher une inscription sur un possible annuaire téléphonique en ligne, en plus du format papier, mais son argumentation est hésitante et maladroite. Assurément, le jeune homme est aussi peu fait pour l'informatique qu'Elon pour devenir champion de boxe poids lourd sur un ring. En tout cas, cette histoire d'annuaire téléphonique en ligne interpelle le diplômé de « Penn ». Le soir même, Elon en informe son frère, Kimbal. Pourquoi ne pas aider les entreprises locales à se développer en les répertoriant sur le Web ? Pour le concepteur de *Blastar*, Internet est la clé de tous les futurs. Dans un avenir relativement proche, le numérique va remplacer le papier, Elon en est intimement persuadé. Si son interlocuteur malheureux

1. En histoire des sciences, le phénomène est appelé « sérendipité ». La structure de l'ADN, l'aspirine, le principe d'Archimède, le chlorure de vinyle, les édulcorants intenses, le Nylon, la pénicilline, le LSD, le polyéthylène, le Post-it, les rayons X, le Téflon sont autant d'exemples de découvertes où le hasard a joué un rôle essentiel.

n'a pas su vendre son produit, le concept est néanmoins génial. Après d'interminables discussions, Elon tombe d'accord avec Kimbal : il leur faut se lancer dans l'aventure Internet, à défaut de quoi ils risquent de rater la plus grande révolution scientifique depuis les premiers pas de l'homme sur la Lune.

Mais en cet été 1995, les obstacles sont nombreux. Sans compter l'absence d'expérience en informatique et le manque d'argent chronique de nos deux ex-Sud-Africains, Internet est encore un concept flou, un outil compliqué pour les néophytes, et surtout un média peu connu de tout un chacun. Personne n'en anticipe l'expansion et les créateurs de sites web sont encore considérés comme de doux rêveurs. L'idée de Musk est pourtant simple : si vous avez besoin de faire réparer votre voiture ou de commander des sushis, où trouver le garage ou le restaurant japonais le plus proche ? Banale en 2021, cette idée paraît révolutionnaire il y a un quart de siècle. « En 1995, il n'était pas du tout clair qu'Internet allait devenir ce grand outil commercial. À vrai dire, la plupart des investisseurs auxquels je m'adressais n'en avaient même jamais entendu parler... Mais je voulais faire quelque chose dans ce domaine, j'étais sûr que ça deviendrait très important et que c'était le genre de choses qui se produit très rarement », confie aujourd'hui Elon Musk...

Immédiatement, les deux frères Musk mettent les bouchées doubles, en épluchant toutes les adresses d'entreprises dans l'équivalent américain de l'annuaire téléphonique des Pages jaunes. De la mécanique à la robotique, des salons d'esthétique aux boulangeries, en passant par les sociétés high-tech, les journaux, les restaurants et les épiceries, Elon et Kimbal démarchent le plus grand nombre possible d'entreprises du quartier. La plupart de leurs interlocuteurs sont cependant perplexes, quand ils ne sont pas carrément hostiles. « Internet ? Qu'est-ce que c'est que ce machin, je n'ai pas de temps à perdre avec des démarcheurs », s'entendent le plus souvent dire les frères Musk. Des réactions qui ne les découragent pas outre mesure. Quand une idée nouvelle apparaît, la réaction immédiate de l'opinion publique est le rejet. De peur de remettre en question leur savoir ou leur mode de vie, les gens ferment la porte à toute innovation. Dans le passé, l'invention du téléphone, de l'ampoule électrique ou encore des cartes à puce a d'abord été perçue comme l'arrivée d'un simple gadget sans grand avenir avant de s'imposer dans la vie de tous les jours. Or, quelques décennies plus tard, personne n'en conteste plus l'utilité ; mieux, ce sont devenus d'indispensables outils de notre vie quotidienne.

Face à l'indifférence de ses premiers contacts, Elon pense à resserrer un peu plus la cible de ses appels. Il imagine alors une espèce de guide urbain en ligne censé aider les entreprises à se développer. À mi-chemin entre Yelp et Google Maps, le nouveau moyen de communication des frères Musk doit fonctionner comme un répertoire numérique classant les entreprises par secteurs géographiques. Initialement, la future entreprise des Musk doit fournir aux entreprises locales une présence sur Internet.

Nommée dans un premier temps Global Link Information Network, la première start-up des frères Musk voit le jour un soir d'octobre 1995, dans l'avenue Sherman de la paisible ville californienne de Palo Alto. Un an plus tard, l'entreprise est rebaptisée Zip2 et Elon Musk est nommé directeur de la technologie. Ainsi commence l'aventure futuriste de l'enfant de Pretoria…

Une première start-up… dans un décor spartiate

Le premier local de travail des Musk ne paie pas de mine. Pas plus de cinquante mètres carrés, dans un immeuble miteux, humide, sans ascenseur et pourvu de toilettes perpétuellement bouchées. Pour se doucher, les deux frères doivent carrément aller à l'université. Dormant à même le sol sur des matelas défoncés, Elon et Kimbal n'en perdent pas pour autant leur énergie et leur soif de réussite. Ils usent du système D, rien ne les arrête. « Pour obtenir une connexion Internet rapide, commente Ashlee Vance[1], Elon Musk passe contrat avec Ray Girouard, créateur d'un nouveau fournisseur d'accès Internet dont les bureaux se trouvent au-dessous des leurs. Elon perce alors un trou dans la cloison de son local et tire un câble Ethernet dans la cage d'escalier jusqu'au fournisseur d'accès. »

Bénéficiant d'un apport de 28 000 dollars de leur père Errol[2], les frères Musk sacrifient tout leur temps à la réalisation de leur projet. Quand Elon s'occupe du travail fastidieux du codage, Kimbal n'hésite pas à parcourir la Silicon Valley dans tous les sens pour présenter leur nouvelle start-up. D'une certaine façon, l'un s'improvise technicien quand l'autre joue le commercial en titre. Elon tout comme Kimbal se heurtent toutefois à des obstacles énormes. Autodidacte de l'informatique pour l'un et démarcheur pour un produit encore fictif pour l'autre, ils évoluent en terre inconnue. Leur chemin de croix ressemble à celui d'un funambule qui s'aventurerait sur un fil dont il ne verrait pas la fin. Kimbal est en particulier confronté au

1. *Op. cit.*

2. Une information livrée par Ashlee Vance mais qui est aujourd'hui contestée par Elon Musk.

scepticisme de ses interlocuteurs : mais comment faire payer les gens avant même qu'ils aient pu apprécier la portée réelle du produit ?

« *We Power the Press* » *ou la naissance de Zip2*

L'idée vient alors à Musk de créer un logiciel pour aider les sociétés médias et les journaux en particulier à se développer sur le Web. Et sur l'ensemble du territoire américain ! C'est alors que la Providence sourit aux apprentis sorciers du Net. À compter de l'été 1996, une première manne céleste sort les Musk de la « mouise ». Global Link hérite ainsi de 3 millions de dollars de la part de la société de capital-risque Mohr Davidow. Fort de cet apport financier, Elon engage de nouveaux ingénieurs et concrétise son projet de fournir sous licence aux grands journaux américains des logiciels de guide urbain en ligne. C'est la naissance officielle de Zip2. Du jour au lendemain, cette nouvelle stratégie se traduit par un changement de local et d'adresse. Sans quitter Palo Alto, les frères Musk déménagent du 430 de la Sherman Avenue pour s'installer au 390 Cambridge Avenue. Évoluant dans des locaux plus vastes et plus confortables, les Musk n'en continuent pas moins de dormir sur de simples matelas. Un an durant, leur nouveau trois-pièces devient à la fois leur bureau, leur salle à manger et leur chambre à coucher[1]. Un acharnement au travail qui se révèle payant. En 1998, à l'instar du *New York Times*[2], une centaine environ de journaux américains souscrivent un abonnement à la start-up

1. En 1997, les Musk emménagent dans un logement plus adapté aux activités de Zip2, au 444 Castro Street, à Mountain View.
2. En 1998, sur cent soixante journaux répertoriés, vingt d'entre eux ont publié régulièrement des guides urbains à grande échelle.

californienne, ce qui lui rapporte plus de 50 millions de dollars. Résultat : trois ans après sa création, en février 1999, Zip2 est racheté cash par Compaq Computer pour la « modique somme » de 307 millions de dollars. Après le coup de Mohr Davidow, ce rachat apparaît comme une nouvelle manne céleste pour Elon et Kimbal Musk, lesquels héritent respectivement de 22 et de 15 millions de dollars.

Compaq rachète Zip2 : acte 1 de la réussite de Musk

Investissant cette fois dans un grand appartement de 170 mètres carrés, Elon commence à être gagné par la folie des grandeurs en achetant simultanément un coupé McLaren F1 d'un million de dollars et un avion biplace. Mieux encore, il convoque les caméras de télévision pour assister à la livraison de sa voiture de luxe au moyen d'un camion. « Il existe soixante-deux McLaren dans le monde et l'une d'elles va être à moi », s'enthousiasme-t-il devant les journalistes. Une satisfaction de courte durée. Dès le printemps 2000, Musk subit un terrible accident de voiture sur Sand Hill Road, à Menlo Park, alors qu'il va rejoindre un certain Michael Moritz, un investisseur de Sequoia Capital. Voulant impressionner son passager, Peter Thiel, le jeune homme de vingt-huit ans, grisé par sa réussite, accélère brutalement et heurte un talus. « Qu'est-ce qu'elle a dans le ventre, ta voiture ? » avait osé lui demander son passager. Résultat, la McLaren s'envole, se retourne et s'écrase quelques mètres plus loin. Réduite littéralement en bouillie, la voiture de luxe est devenue inutilisable. Fort heureusement, les dégâts

---

Zip2 leur a aussi fourni un répertoire en ligne, un calendrier et un courriel parallèlement à l'offre de base.

ne sont que matériels. Sortis indemnes du vol plané de la McLaren, les deux rescapés sont obligés de faire de l'autostop pour gagner le lieu de leur rendez-vous. Nullement traumatisé ni décontenancé, Musk s'amuse même de la situation, en déclarant : « Le plus drôle, c'est que je ne suis même pas assuré. »

Loin d'être anecdotique, l'accident de la McLaren est très révélateur de l'état d'esprit d'Elon. Fonceur et ne doutant jamais de ses capacités, le fondateur de Zip2 s'estime maintenant invulnérable. Que de changements depuis l'arrivée du jeune Elon en 1988 sur les terres du Nouveau Monde. Elle est loin désormais, l'époque où l'exilé sud-africain naturalisé canadien survivait pour 18 dollars l'heure en travaillant comme nettoyeur dans une chaudière de scierie. Ce rêve américain, il a maintenant l'impression de l'atteindre. Son euphorie de 1999 et sa folie des grandeurs explosent au terme de onze ans d'épreuves et de travail acharné. Après le succès de Zip2, Elon lorgne l'industrie bancaire. Selon lui, en cette fin de XXe siècle, le monde de la banque affiche une génération de retard. « L'argent est du bas débit », proclame-t-il. Si les banques veulent affronter le futur siècle du Web, il leur faut maîtriser les systèmes de paiement en ligne.

Sus aux banques !

Créer une banque en ligne ? Un défi pour Musk autrement plus risqué qu'un simple logiciel aidant les entreprises à se développer sur le Web. Les obstacles sont ici d'une autre nature. Il lui faut à présent convaincre autant les banquiers que les clients. Passer du mode papier au numérique n'était pourtant pas une sinécure, mais désormais il s'agit de publier en ligne des informations financières privées à propos de millions de comptes bancaires. D'aucuns rechignent à saisir les numéros de leurs cartes de crédit sur un écran, de peur d'être piratés. L'univers des finances est par ailleurs solidement établi, avec ses règles, son mode de fonctionnement, ses traditions ; un monde où notre jeune homme de vingt-huit ans apparaît comme un néophyte, ou encore comme un homme seul qui voudrait affronter toute une armée. Autant vouloir déplacer les montagnes.

Elon entend pourtant mettre le paquet. Pas moins de 12 millions de dollars sont investis pour créer sa première start-up financière. Répondant au nom ambigu de X.com, la nouvelle société d'Elon est inaugurée en novembre 1999, le soir même de Thanksgiving. Pour la monter, Elon n'a pas hésité à potasser des nuits durant tous les ouvrages sur la question bancaire et à s'entourer d'une équipe d'ingénieurs en informatique et de financiers hors pair, tels Christopher Payne, Mike Morris et Scott Anderson.

« Vous avez juste à taper une adresse mail ou un identifiant unique pour pouvoir transférer de l'argent d'un compte à un autre », explique Musk. Reposant sur un concept à la fois nouveau, simple et efficace, la société X.com obtient des licences de banque et de fonds de placement, s'associe avec Barclays et garantit à ses utilisateurs des privilèges nouveaux. À titre d'exemple, les pénalités de dépassement sont annulées et tout client hérite d'une carte de paiement de 20 dollars au seul titre de son inscription. En sorte qu'un particulier peut expédier de l'argent en ligne à n'importe qui, à la seule condition de mentionner le nom et l'adresse du bénéficiaire. Une véritable révolution bancaire qui ne tarde pas à rameuter plus de deux cent mille adhérents vers X.com en l'espace de deux mois. Une fois encore, le succès est au rendez-vous. Mais aussi la concurrence.

Une idée nouvelle arrivant rarement seule, deux autres jeunes créateurs en herbe, Max Levchin et Peter Thiel, fondent à leur tour une société de paiement en ligne, Confinity. Un nouvel obstacle pour Elon Musk ? Non, un duel d'adolescents attardés qui va déboucher sur un nouveau pari, celui de PayPal.

Mars 2000 : de la fusion à la confusion

Des épreuves naissent souvent les grands défis. Pendant plusieurs semaines, les ingénieurs de Confinity et de X.com se livrent un combat sans merci pour trouver de nouveaux clients, au point de se ruiner mutuellement. Avec leur seul produit PayPal, Max Levchin et Peter Thiel dépensent plus de 100 000 dollars par jour en versant des primes à leurs utilisateurs. Au terme de quelques mois de rivalité et de compétition acharnée entre les deux champions du paiement en ligne, Elon Musk décide d'enterrer la hache de guerre en proposant une fusion des deux sociétés. Nous sommes en mars 2000. Mais encore faut-il être sur la même longueur d'onde. À commencer par le type de logiciel utilisé. Quand Lechvin penche pour Linux, Musk ne jure que par Microsoft. Qui plus est, même si Elon décide de garder le produit PayPal de ses adversaires, il entend imposer son matériel et ses méthodes de travail en conservant le même nom pour cette nouvelle société, X.com. Résultat, seulement deux mois après la fusion, c'est le clash. Peter Thiel claque la porte et Lechvin menace à son tour de quitter X.com. Et comme si cela ne suffisait pas, le système informatique implose, incapable de répondre au nombre croissant de clients. À compter de mars 2000, et ce six mois durant, il ne s'écoule pas une semaine sans que le site Web ne tombe en panne. Victime de son succès, X.com n'est pas en mesure de faire face à l'explosion à la fois des transactions, des frais perçus par les banques et des multiples fraudes. D'aucuns accusent Musk, alors directeur administratif, de mal gérer la situation. Décision est alors prise de l'évincer…

L'impensable surprise de Sydney

La mise à l'écart de Musk, un vrai coup de Jarnac! Alors qu'Elon est en voyage de noces à Sydney avec Justine[1], au moment des Jeux olympiques d'été, il apprend simultanément son licenciement et son remplacement par son pire adversaire, Peter Thiel, lequel avait claqué la porte de l'entreprise six mois plus tôt. Cette double décision assassine a été prise secrètement par une cohorte de conjurés dans un bar aujourd'hui disparu de Palo Alto. Il n'en faut pas plus pour qu'Elon reprenne le premier avion pour la Californie. *A priori*, il compte ruer dans les brancards. Dans les faits, il va faire preuve d'un surprenant esprit de conciliation…

De la fausse rupture à la fausse réconciliation?

Entendant plaider sa cause dans un premier temps, Musk finit en effet par accepter la décision du conseil de surveillance, faisant contre mauvaise fortune bon cœur. La raison l'emporte ici sur l'émotion. Plus vexé d'avoir été mis devant le fait accompli que d'avoir perdu sa place de directeur administratif, Elon a à cœur de savoir si ses conseils sur le fonctionnement de la société seront pris en considération par la nouvelle équipe. « Ce n'était pas tant que je voulais être PDG, commente Elon. C'était plutôt du genre: "Hé, je crois qu'il y a

1. Elon et Justine se sont mariés en janvier 2000.

plusieurs choses importantes à faire, et je ne suis pas sûr qu'elles seront faites si je ne suis pas PDG."[1] » Après leur avoir passé un savon, il se range finalement à l'avis de Lechvin et de Thiel, lesquels lui promettent qu'ils continueront à suivre sa politique commerciale. « Si tu ne peux le combattre, embrasse ton ennemi », dit un proverbe tibétain. Mais autour d'Elon Musk, ses fidèles sont beaucoup plus amers et n'acceptent pas ce coup fourré…

Humilié et bafoué… mais riche

Simulée ou pas, la réconciliation de Musk avec les anciens dirigeants de Confinity se révèle payante. Toujours conseiller avisé de l'entreprise, Elon Musk laisse ainsi son rival Peter Thiel rebaptiser la société X.com du nom de PayPal. Pourquoi ce nouveau nom ? Tout simplement parce que l'appellation X.com induisait parfois les gens en erreur, beaucoup la confondant facilement avec celle d'un site pornographique. Nous sommes alors en juin 2001. Dans l'année qui suit, PayPal opère une ascension fulgurante, générant pas moins de 20 millions de dollars de recettes par mois[2]. Quelle curieuse ironie du destin. Au moment même où Elon subit la pire vexation de son existence, il n'a jamais été aussi riche, aussi comblé. Certains en profitent cependant pour tirer à boulets rouges sur le patron viré de X.com. À commencer par Eric Jackson, l'un des anciens salariés de Confinity, qui l'assassine dans un livre où il présente Musk comme un type imbu de lui-même, n'ayant qu'une connaissance partielle du

1. Ashlee Vance, *op. cit.*
2. PayPal est surtout connue comme plateforme servant d'alternative au paiement par chèque ou par carte bleue.

monde des entreprises, un homme invivable dévoré par un ego démesuré. Un site à ragots minimise carrément le rôle du créateur de Zip2 dans la naissance et la réussite commerciale de PayPal. D'après ses nombreux détracteurs, l'entreprise de la première banque en ligne n'aurait pas survécu si Musk n'avait pas été viré.

Face à cette horde de harpies, Musk contre-attaque. Non seulement il qualifie Jackson de « lèche-botte imbécile » pas plus au courant des faits de l'entreprise qu'un simple stagiaire peu compétent, mais il met en avant son rôle déterminant dans la croissance de PayPal et dans le recrutement de ses meilleurs salariés. Quoi qu'il en soit, depuis plus d'un an, Elon Musk nourrit d'autres rêves. Maintenant qu'il dispose de fonds suffisants, l'exilé de Pretoria a de nouveau les yeux tournés vers le cosmos, sa passion de jeunesse. Avant de décrocher les étoiles, il entend surtout explorer la planète rouge, celle qui fait fantasmer les hommes depuis les débuts de l'exploration spatiale. Selon lui, Mars sera à plus ou moins long terme un nouvel eldorado ; mieux encore, une nouvelle Terre abritant d'ici un millénaire une colonie de plusieurs millions d'êtres humains. En ce début de XXIe siècle, l'aventure fantastique d'Elon ne fait que commencer…

Deuxième partie

L'irrésistible appel de l'espace

(2002-2017)

« La Terre est le berceau de l'humanité, on ne peut rester toute sa vie dans un berceau. »

(Konstantin Tsiolkovski [1857-1935], un des pères de l'astronautique soviétique)

Incontestablement, Elon Musk est un Américain dans l'âme, animé d'un véritable esprit pionnier. « Tout ce dont rêvent les hommes, d'autres le réaliseront », prophétisait Jules Verne. Non seulement le milliardaire sud-africain naturalisé américain en 2002 imagine le futur, mais il entend l'accélérer en matérialisant ses rêves. Les Russes ne veulent pas lui vendre leurs anciens missiles balistiques ? Qu'importe, Elon décide de construire ses propres fusées à un coût défiant toute concurrence, de fonder sa propre société spatiale en Californie et de s'entourer des meilleurs ingénieurs. Pour un espace plus accessible et moins coûteux, tel est son objectif.

Pour mener à bien la réalisation entière d'une fusée, Elon Musk n'hésite pas à rechercher des sous-traitants dans des secteurs radicalement différents de l'aérospatiale, comme l'industrie du lait… Et le succès de son premier lanceur arrive, après bien des déboires il faut l'avouer, un certain 28 septembre 2008. Près de six longues années ont été nécessaires, à partir du lancement de sa société spatiale privée SpaceX, pour arracher la fusée Falcon 1 à la pesanteur terrestre. La porte des étoiles s'entrouvre…

En ce début de XXIe siècle, le futur spatial se confond avec ses projets d'exploration martienne. C'est la conviction la plus profonde du futur fondateur de SpaceX, nous n'en sommes encore qu'à la préhistoire de l'exploration de Mars. Conviction muskienne, notre futur sera martien ou ne sera pas… Et il commence dès l'été 2001, sous le soleil californien.

4

La route des étoiles passe par Los Angeles

« Tout ce dont rêvent les hommes,
d'autres le réaliseront un jour. »

(Jules Verne)

Juin 2001. À peine remis d'une malaria très éprouvante qui lui fait perdre plus de 20 kilos en l'espace de six mois[1], Elon Musk n'en nourrit pas moins ses pensées d'horizons lointains, en regardant notamment très haut vers les étoiles. La conquête de l'espace ? Un rêve de jeunesse mais surtout un défi à la mesure de ses colossales ambitions. Un champ des possibles illimité, un futur fantastique, une moisson ininterrompue de découvertes et une odyssée sans fin… L'exploration des seules planètes de notre système solaire représente la plus grande aventure de l'homme depuis la traversée de l'Atlantique par Christophe Colomb il y a un peu plus de cinq siècles. C'est du moins le sentiment d'Elon

1. En janvier 2001, Elon contracte la malaria lors de son voyage de noces dans son Afrique du Sud natale. Une convalescence de plus de six mois, au moment même de l'affaire PayPal, au cours de laquelle Elon s'est presque vu mourir. « Les vacances me tueront », confie Musk à un journaliste.

Musk, frustré de se limiter à la seule création des services Internet. Selon lui, l'homme a besoin de nouveaux défis, de nouvelles dimensions, de nouveaux exploits.

Los Angeles, la porte du futur…

Cette future aventure humaine hors du cocon terrestre, notre milliardaire sud-africain y croit dur comme fer. Et celle-ci passe par la Californie ; plus précisément encore par Los Angeles. Los Angeles ? Assurément la mégalopole de tous les excès, de tous les rêves, mais surtout de tous les projets avant-gardistes et de toutes les industries de pointe dans le domaine de l'aérospatiale et de l'astronautique. De Boeing à Lockheed Aircraft en passant par l'US Air Force et le JPL[1] de Pasadena, nombreux sont les grands de l'exploration verticale qui y ont élu domicile, en multipliant leurs sites, leurs laboratoires et leurs centres de recherches.

Si Elon Musk a débarqué dans « la cité des Anges » en cette aube du XXIe siècle, ce n'est pas le fruit du hasard. Los Angeles est une ville résolument tournée vers le futur, où l'imagination, la créativité et l'audace sont les vertus les plus conseillées pour espérer réussir son ascension sociale. Et, à l'approche de son trentième anniversaire, Elon fourmille d'idées et de projets. Pour les réaliser, quoi de mieux que la ville où l'on trouve le plus

1. C'est à partir du Jet Propulsion Laboratory de Pasadena que sont guidés nos engins interplanétaires. Parmi eux, nos robots explorateurs les plus lointains, à savoir les sondes Voyager, se trouvent désormais à plus de 20 milliards de kilomètres de la Terre. Autrement dit, ils ont franchi l'héliopause, la limite au-delà de laquelle le Soleil n'exerce plus la moindre attraction gravitationnelle. D'une certaine façon, le JPL est le seul centre de recherche terrestre à communiquer avec le milieu interstellaire.

de « barjots de l'espace » au kilomètre carré ? Parmi eux, les membres de la Mars Society héritent d'une mention spéciale. Plus que toute autre, cette société s'est assigné pour but de transformer la planète rouge en seconde planète bleue d'ici la fin du siècle. Et au plus tard avant l'expiration du millénaire, ses membres en sont intimement convaincus. En 3030, selon eux, Mars abritera autant d'humains que notre bonne vieille Terre[1]. La découverte de l'espace martien puis sa « terraformation » et sa colonisation rythmeront ainsi toute l'histoire du troisième millénaire. En somme, les membres de la Mars Society sont de vrais mordus de l'espace, obsédés par la conquête de la planète rouge. N'allons pas croire pour autant qu'il s'agit d'une secte d'illuminés. Fondée en 1998, cette société hors normes rassemble d'éminents scientifiques, dont des ingénieurs de l'aérospatiale, des astrobiologistes et des chefs d'entreprises.

Premier contact avec un certain Robert Zubrin...

Ayant eu vent de la tenue d'un dîner mondain à 500 dollars le couvert organisé par la Mars Society, Elon Musk n'hésite pas à s'y incruster, quitte à se faire chasser *manu militari*. Sans même avoir été invité, il signe un chèque de 5 000 dollars et se présente sans complexes le soir de la cérémonie. Contre toute attente, son comportement et sa personnalité intriguent particulièrement Robert Zubrin, lequel n'est autre que le fondateur de la Mars Society. *A priori*, l'intrusion de ce jeune trentenaire ambitieux dans son dîner très VIP aurait dû provoquer chez Zubrin une colère

1. À seul titre de renseignement, la surface de Mars correspond à la superficie totale de la Terre sans ses océans.

noire. Mais il n'en est rien. La curiosité l'emporte en effet sur toute forme d'agressivité. Loin de chasser le Canado-Sud-Africain, Robert Zubrin lui accorde un accueil privilégié. La raison ? Le portefeuille démesurément gonflé de son mystérieux invité. On ne peut virer un homme, si prétentieux soit-il, détenteur de plus de 22 millions de dollars. Qui plus est, ce dernier a fait preuve d'une générosité inhabituelle en payant une somme exorbitante pour assister à ce dîner. Au regard de Zubrin, une telle attitude est plus intrigante que révoltante.

Invitant Elon Musk à partager un café avant le dîner, le patron de la Mars Society entend autopsier les motivations du créateur de PayPal et mesurer son intérêt pour la conquête de l'espace. Cet élan vers le cosmos, serait-ce un coup de bluff, une simple lubie, ou est-ce une résolution mûrement réfléchie ? En tête-à-tête, le fondateur de la Mars Society lui relate alors ces expériences inédites lancées récemment au pôle Nord canadien et censées préparer les futures missions habitées sur Mars. Un véritable module-habitacle avec des scientifiques déguisés en « martionautes » aurait ainsi été érigé sur l'île Devon, un site vieux de 23 millions d'années ressemblant à s'y tromper aux vastes déserts froids et rocailleux identifiés sur la planète rouge.

Visiblement captivé par son interlocuteur, Elon Musk ne perd pas un mot de ce discours. Acquiesçant à de multiples reprises et posant des questions adéquates et directes, le natif de Pretoria redécouvre ses rêves de jeunesse et montre qu'il n'est pas un néophyte en matière d'exploration spatiale. Cette simulation de vie martienne est pour lui plus qu'un défi, c'est sa raison d'être, le « must » de ses projets titanesques.

Des Martiens, des hommes et des souris

Séduits l'un par l'autre, Zubrin et Musk affichent rapidement leur connivence et leur complicité. Le fondateur de la Mars Society se lance alors dans les confidences ; parmi elles, le projet apparemment saugrenu de faire circuler autour de la Terre une capsule spatiale occupée par des souris. Non seulement la fusée tournerait autour de notre globe, mais aussi sur elle-même. D'après Zubrin, ce semblant de pesanteur représenterait un tiers de la gravité terrestre, soit exactement celle que l'on retrouvera sur la planète Mars. En écoutant ce projet, Musk ne peut s'empêcher de sourire. « Et si, au lieu de les faire tourner indéfiniment autour de la Terre, notre fusée de souris se dirigeait directement vers Mars ? Ce serait plus exaltant. » « Pourquoi pas ? » répond Zubrin, étonné. Ce qui l'intéressait, chez son jeune interlocuteur, c'était moins ses compétences en matière spatiale que son enthousiasme démesuré pour le cosmos lointain. La soif d'aventure et de découverte – un sentiment ignoré de nombreux millionnaires. Lui, Musk, considère son compte en banque non comme l'aboutissement d'une vie, mais comme un moyen de réaliser ses rêves les plus fous.

Une fois n'est pas coutume, notre rêveur juvénile est par ailleurs un millionnaire patenté. Zubrin n'a même pas besoin d'insister. D'emblée, Musk lui propose 100 000 dollars de plus pour mener le projet arctique à son terme après avoir accepté d'adhérer à la Mars Society. Visiblement subjugué par Elon, Robert Zubrin l'invite alors carrément à partager sa table aux côtés d'invités prestigieux. Parmi eux, le célèbre réalisateur James Cameron et l'ingénieur Carol Stocker. Une occasion pour Musk de revenir sur le projet des « souris martiennes ». Le Sud-Africain propose non seulement de les expédier sur la planète rouge, mais de les faire revenir sur Terre, quitte à ce qu'elles se multiplient pendant le voyage retour. Les premiers Martiens de la conquête spatiale ne seraient ainsi que de vulgaires souris.

Une expédition interplanétaire menée de main de maître par de petits rongeurs ? Une option qui soulève immédiatement l'hilarité de ses interlocuteurs. À l'image de Jeff Skoll, un salarié fortuné d'eBay, d'aucuns plaisantent sur la quantité de fromage qu'il faudrait pour nourrir cette colonie martienne hors normes. Loin de désarçonner notre explorateur spatial en herbe, les plaisanteries le stimulent. Des souris ? Une idée qui ne paraît pas sérieuse aux yeux du commun des mortels ? Qu'à cela ne tienne ! Pour raviver la passion du grand public pour la question spatiale, Elon envisage alors des projets d'envergure replaçant l'homme au cœur de l'aventure cosmique.

L'exploration du cosmos ne doit pas oublier l'homme

Selon Elon Musk, en cette année 2001, le récent désamour de l'Américain moyen pour l'exploration spatiale serait à mettre sur le compte de l'absence de l'homme dans le grand projet spatial. En effet, depuis près de trente ans, à savoir le dernier pas de l'homme sur la Lune en décembre 1972, les agences spatiales russes et américaines se sont contentées d'envoyer des robots soulever les jupes des planètes lointaines[1] ou de faire tourner indéfiniment des navettes autour de la Terre. En cette aube du troisième millénaire, aucun projet cyclopéen, aucune expédition exaltante,

1. À l'exemple des sondes Voyager qui, dans les années 1980, ont successivement exploré Jupiter, Saturne, Uranus et Neptune.

aucun calendrier n'est prévu par la Nasa ou ses homologues russe et européenne pour lancer une nouvelle mission habitée vers le cosmos lointain. À commencer par la conquête de Mars. Depuis les années 1980, les projets de missions humaines sur la planète rouge sont sans cesse reportés, sinon annulés. Même l'idée d'un retour des hommes sur la Lune avorte régulièrement. Au fil des ans, l'enthousiasme soulevé par le succès des missions Apollo s'est érodé, au même titre que les crédits alloués à la Nasa. Au lendemain de l'historique exploit d'Armstrong, les experts prévoyaient même un futur débarquement des hommes sur Mars dès l'année 1984. Ils ont dû cruellement déchanter. La raison ? Des préoccupations bassement terrestres, à savoir l'absence de crédits, l'absence de motivation et surtout l'absence de compétition entre les puissances spatiales. Le double choc pétrolier des années 1970 et surtout l'effondrement du rival soviétique ont fait échouer la plupart des projets spatiaux interplanétaires. Qui plus est, un voyage interplanétaire, ne serait-ce que sur Mars, serait une tout autre entreprise qu'un aller-retour sur la Lune. La planète en question est mille fois plus éloignée que notre satellite naturel ; un simple voyage aller sur Mars nécessiterait ainsi au moins six mois de périple interplanétaire au lieu des trois jours requis pour fouler le sol sélène.

Le défi ne serait pas seulement technologique, il serait aussi humain ; comment gérer les relations entre cinq ou six membres d'équipage sur une durée excédant vraisemblablement plus de deux ans[1] ? Pour une mission d'une telle importance, les candidats à la vie martienne

1. Il faut en effet compter non seulement les mois de vol en direction de Mars, mais aussi le temps passé sur place, et le voyage retour vers la Terre.

seront non seulement sélectionnés en fonction de leurs compétences scientifiques, mais aussi en vertu de leurs qualités morales et de leur faculté d'adaptation vis-à-vis d'autrui dans un milieu ultraconfiné[1]. En attendant cet avenir hypothétique, la Nasa concentre tous ses efforts sur les seuls vols de la navette spatiale[2]. Résultat, en guise de rêve spatial, les astronautes se contentent de jouer les mécanos de l'espace en assemblant les modules de la future Station spatiale internationale à environ 400 kilomètres au-dessus de nos têtes. Ce qui manque aujourd'hui, aux yeux d'Elon, ce sont des défis de première grandeur plaçant l'homme au centre d'un grand voyage inédit vers l'infini. Une exploration cosmique qui ne s'opérerait plus par le seul biais des sondes automatiques mais au moyen de véritables missions habitées, avec des hommes et des femmes faits de chair et de sang, relancerait automatiquement l'intérêt des gens pour le grand saut vers les étoiles. Avant de conquérir le cosmos, il faut gagner le cœur des hommes…

Le bonheur est dans le pré… martien

Des souris sur Mars ? Le projet semble finalement trop absurde. Des hommes sur Mars ? L'idée relève encore de la douce utopie, même si à long terme elle ne pourra qu'aboutir. En attendant ce grand rêve de

1. Expérience Mars 500 lancée dans les années 2010. Six hommes de différentes nationalités ont alors simulé les conditions d'un vol sur Mars pendant une durée de 500 jours. L'expérience s'est déroulée dans les environs de Moscou.
2. En cette année 2001, la navette *Columbia* n'a pas encore explosé en vol. Les lancements des navettes ne s'arrêteront finalement qu'en 2011, faute de rendement.

coloniser notre voisine planétaire, Elon Musk songe à un autre plan, celui d'exporter vers Mars une immense serre robotisée. Ainsi naît le projet « Mars Oasis ». Selon Dave Bearden, ingénieur de l'aérospatiale, « l'idée était de dire “oui, il y a de la vie sur Mars, et c'est nous qui l'y avons mise” [1] ». Fini les hommes, fini les animaux, et place au règne du végétal ; le nouveau projet muskien semble plus réaliste qu'un voyage piloté par des astronautes ou des milliers de petites souris. Elon n'entend pas pour autant renoncer à ses désirs de grandeur et d'originalité. Afin de passionner le public et notamment les plus jeunes, Elon envisage de filmer « en direct » la pousse des plantes sur Mars. Pour couronner le tout, elles produiraient de grandes quantités d'oxygène, un processus qui à long terme pourrait rendre l'atmosphère martienne respirable.

Dans le même temps, les adolescents pourraient faire grimper des plantes de la même espèce dans leurs propres serres, de façon à comparer leur pousse dans deux environnements planétaires différents. Toujours selon Elon Musk, une telle expérience ne pourrait qu'inciter la jeune génération à encourager la future marche des hommes sur Mars. En observant que les plantes martiennes grandissent deux fois plus vite que leurs homologues terrestres, les adolescents s'enthousiasmeraient pour cette expérience, constatant que le milieu martien n'est pas si réfractaire à la vie. D'une certaine façon, les plantes devaient frayer le chemin aux futurs colons.

Pour parvenir à réaliser son projet végétal *made in Mars*, Elon est prêt à tous les sacrifices financiers, quitte

---

1. Propos rapportés dans le livre d'Ashlee Vance consacré à Elon Musk.

à dépenser la somme astronomique de 30 millions de dollars. De son côté, Robert Zubrin ne peut s'empêcher d'afficher son scepticisme à l'égard de ce projet fantasque de « plantes martiennes ». Selon le fondateur de la Mars Society, c'est une pure opération de prestige. Loin de nous familiariser avec la planète Mars, elle pourrait surtout être une catastrophe écologique. À l'instant même où la trappe s'ouvrirait, des milliers de microbes d'origine terrestre s'échapperaient dans l'atmosphère martienne. Par ailleurs, rien n'autorisait à croire que les plantes survivent dans ce nouvel environnement planétaire.

Si logique apparaisse-t-elle, l'opinion de Robert Zubrin n'est sans doute par dénuée d'arrière-pensées. En effet, à peine a-t-il adhéré à la Mars Society qu'Elon Musk démissionne du conseil d'administration quelques mois plus tard pour créer sa propre association spatiale, la Life to Mars Foundation. Assurément, « le temps est venu d'aller sur Mars », pour reprendre un slogan de la société de Zubrin, mais ni la Mars Society, ni la Nasa, ni aucune agence spatiale dans le monde ne s'en donnent les moyens. Pour transporter ses plantes sur la planète Mars, Elon Musk est prêt à recourir à toutes les possibilités, même à acheter ses propres lanceurs. Dans cette optique, il lorgne les Russes. Les prix de vente de leurs fusées défient toute concurrence…

Depuis le démantèlement de l'Union soviétique en 1991, les anciens missiles balistiques sont en effet en vente libre. De vieilles fusées intercontinentales, les redoutables ICBM SS-18[1]. Source de crises très intenses

---

1. Pendant la guerre froide, ce missile de première frappe (baptisé R-36 chez les Soviétiques) dépassait 210 tonnes et était capable de lancer à plus de 11 500 kilomètres une charge offensive

entre les deux superpuissances pendant la guerre froide, elles n'ont fort heureusement jamais servi et rouillent désormais dans d'immenses hangars. Pour acquérir ne serait-ce qu'un seul lanceur, Elon Musk est prêt à verser près d'une dizaine de millions de dollars. Il s'intéresse particulièrement au lanceur Dnepr, mis en service par la société russe ISC Kosmotras. En l'espace de quatre mois, Elon rencontre à trois reprises les ingénieurs spatiaux russes.

D'anciens missiles russes transformés en fusées d'exploration ?

Octobre 2001. En pleine tourmente post-11-Septembre, Elon Musk s'envole pour Moscou. Et il n'est pas seul ! À ses côtés, son ami de fac Adeo Rossi, et surtout l'ingénieur prisé du Pentagone Jim Cantrell. Fervent partisan de la voile solaire, ce technicien hors pair au physique rondouillard avait été contacté quelques semaines plus tôt par Musk en personne. « Il faut absolument que je vous parle, je suis milliardaire, je vais lancer un programme spatial[1] », lui avait asséné laconiquement Elon au téléphone. Par conséquent, les deux hommes s'étaient ensuite rencontrés rapidement dans une salle de l'aéroport de Salt Lake City. Elon lui avait alors fait part de ses projets spatiaux et de sa volonté de transformer Mars en seconde Terre dans un avenir relativement proche. Apparemment convaincu par l'enthousiasme de son interlocuteur, Cantrell avait

---

de 8,8 tonnes contenant jusqu'à dix têtes nucléaires. À la suite du traité de réduction des armes stratégiques Start-2, les SS-18 ont été désamorcés et cent cinquante d'entre eux sont devenus disponibles pour servir de lanceurs civils.

1. Ashlee Vance, *op. cit.*

répondu favorablement à sa demande de l'accompagner en Russie…

En cette froide journée d'automne moscovite, trois Américains en quête de missiles obsolètes arpentent la terre russe. Tel un adolescent en colonie de vacances, Elon Musk affiche une excitation sans pareille. Son engouement est d'autant plus grand qu'il est rejoint à l'aéroport de Moscou par un certain Mike Griffin. Futur administrateur de la Nasa – à compter de l'année 2005 –, l'ingénieur américain n'est pas un néophyte en matière spatiale. Âgé de cinquante et un ans, il travaille depuis plusieurs années au JPL de Pasadena. Avec Griffin à ses côtés, Elon Musk se sent littéralement pousser des ailes. Il va pourtant rapidement déchanter…

Le premier contact du petit groupe d'Américains avec l'ancienne patrie de Lénine n'a rien d'emballant. La plaine qui sépare l'aéroport de la capitale russe est d'un blanc immaculé ; elle apparaît vaste, froide, un tantinet hostile. Dans le passé, toutes les armées d'invasion ont été arrêtées par l'espace russe et son principal défenseur, « le général Hiver ». La ville même de Moscou a conservé de l'ex-période soviétique son aspect austère et monumental. Ressemblant vaguement à des Empire State Building dans une formule plus tassée et plus massive, des gratte-ciel staliniens défient un ciel sombre et gris. Surmontés d'une longue flèche terminée par une étoile rouge, ces rescapés architecturaux témoins d'un passé totalitaire flanquent toujours les principales artères de la capitale russe.

Quand les Russes font le bonheur d'Elon… malgré eux

Dès le lendemain de leur arrivée, Elon Musk et ses trois acolytes sont conviés à un premier rendez-vous avec les spécialistes russes des sociétés Kosmotras et NPO Lavotchkine à Khimki, dans la banlieue nord-ouest de Moscou. La rencontre est fixée à une heure inhabituelle pour se restaurer, 11 heures du matin. En l'absence de petit déjeuner, les Russes préfèrent en effet disserter autour d'un déjeuner copieux fait de saucisses et arrosé de vodka. Un prélude interminable, en vérité. Durant un temps jugé exceptionnellement long, de l'avis des Américains, les Russes tournent autour du pot et palabrent sur la situation internationale[1] sans entrer vraiment dans le vif du sujet. Ce n'est qu'une fois le repas terminé et les cigarettes consommées que les Russes s'aventurent à demander la véritable raison du déplacement de leurs hôtes dans leur chère patrie. « Acheter vos missiles, bien sûr », assène Elon Musk entre deux verres de vodka et au milieu d'une fumée étouffante. « 8 millions, rétorquent les spécialistes de Kosmotras, pas un dollar de moins. » « 8 millions ? répond Musk. Pour ce prix, je vous en achète deux ! » Une fois n'est pas coutume, l'audace et le charme du Californien n'opèrent pas. En guise de réponse, les Russes se contentent de simples sourires sarcastiques. Visiblement, ses interlocuteurs le prennent au mieux pour un doux rêveur, au pire pour un guignol qui se croit chez le marchand de tapis…

Les deux rendez-vous qui suivent avec les ingénieurs russes ne sont pas plus concluants. En février 2002, les quatre Américains, dépités, quittent l'ancienne patrie de Youri Gagarine sans regret. Si Griffin et Cantrell affichent une mine d'enterrement, Musk n'abdique pas.

---

1. Nous sommes seulement quelques semaines après les attentats du 11-Septembre.

Au contraire, sa déception russe lui donne une nouvelle idée : faute de trouver une fusée, il va la fabriquer lui-même. Et à un prix bien moindre que les engins spatiaux russes ! À n'en pas douter, derrière le fiasco moscovite se cache l'ascension fulgurante de la future société SpaceX.

5

Le pari de l'exploration spatiale privée

> *« Vous vous levez le matin en vous disant que l'avenir sera meilleur, c'est une belle journée. Sinon, ce n'en est pas une. »*
>
> (Elon Musk)

« Je crois que nous pouvons construire cette fusée nous-mêmes[1] », confie Musk à ses compagnons de voyage. Après avoir détaillé sur une simple « feuille de calcul » le coût exact des matières premières nécessaires à la fabrication de chaque pièce de fusée, le trentenaire en avait conclu qu'il pouvait allégrement se passer des Russes et élaborer sa propre stratégie spatiale. Fini le plan saugrenu des souris martiennes, terminé le projet surréaliste des plantes de l'espace, le nouveau rêve de Musk est désormais de concevoir une exploration du cosmos « low cost », de lancer dans l'espace une fusée réutilisable qui réduirait inévitablement le coût de mise en orbite des satellites. Dans cette perspective, le créateur de PayPal entend s'entourer de spécialistes compétents mais surtout efficaces, motivés et foncièrement optimistes.

1. Ashlee Vance, *op. cit.*

Jim Cantrell glisse alors à l'oreille d'Elon un nom, celui de Tom Mueller. Selon ses dires, ce serait le plus habile bricoleur de l'âge spatial. Âgé de trente-neuf ans en 2002, ce concepteur de moteurs de fusées travaille alors dans l'atelier de John Garvey, lequel n'avait pas hésité à abandonner son poste chez McDonnell Douglas pour lancer sa propre société spatiale.

La carte Tom Mueller

Tout juste revenu de Russie, Elon Musk se présente à Huntington Beach, une cité balnéaire californienne située à une soixantaine de kilomètres au sud-ouest de Los Angeles. John Garvey et son brillant acolyte ont ici loué un immense hangar pour y expérimenter leurs moteurs de fusées.

En cette froide matinée de février 2002, une McLaren flambant neuve se gare devant la grande porte du bâtiment métallique. Un type de haute stature, bien sapé et sûr de lui en sort, tout ragaillardi. Il s'agit d'Elon Musk. Affublé d'un trench-coat de cuir noir, notre visiteur affiche de faux airs d'acteur sorti de *Men in Black*. Et il n'est pas venu seul ! Une fois n'est pas coutume, il est accompagné de sa femme, Justine. Quelques secondes se sont à peine écoulées depuis son arrivée qu'il croise un gars grand et efflanqué portant un moteur sur ses épaules ; c'est l'homme qu'il recherche, Tom Mueller. « J'aime les machines, déclare l'ingénieur à la presse. J'aime la haute énergie, rapide et dangereuse. J'ai toujours aimé les motos. J'aime les voitures rapides. Les fusées étaient les choses les plus attrayantes pour moi parce que ce sont les dispositifs mécaniques les plus énergétiques que l'on puisse fabriquer. » Pour payer ses études en génie mécanique, ce fils de bûcheron n'avait pas hésité à exercer le métier de son père pendant plusieurs années. Aux yeux de tous les experts en astronautique, ce quadragénaire californien apparaît en 2001 comme le plus grand amateur en matière de conception de moteurs à combustible liquide qui puisse exister sur la planète. Dès l'âge de douze ans[1], le jeune Tom avait épaté ses copains de classe en fabriquant lui-même un semblant de navette spatiale, avec ses deux propulseurs d'appoint à poudre, les fameux boosters.

D'emblée, Elon le bombarde de questions sur les moteurs à oxygène et hydrogène liquide, les prix de revient de fusées à bas coût, la possibilité de construire un engin spatial en un temps record. Nullement décontenancé ni dérangé, l'ingénieur lui répond du tac au tac. Loin de tourner court, la discussion se prolonge des heures durant. Franc et direct, Mueller confie à son interlocuteur qu'il ne pourra rivaliser avec la Nasa ni avec l'agence spatiale russe. S'il entend placer des satellites dans l'espace, dans un premier temps, il devra se contenter de mettre en orbite des objets d'un poids n'excédant pas celui d'un homme et non celui d'un char d'assaut. Cela étant, la miniaturisation accélérée des technologies peut laisser entrevoir d'autres possibilités de lancement.

À n'en pas douter, les deux hommes sont sur la même longueur d'onde. Le premier, Elon Musk, admet que cet ingénieur est un expert hors normes. « Tom Mueller connaît tous les tenants et les aboutissants de la construction des fusées », confie-t-il à Justine. De son côté, l'ancien employé de Hughes Aircraft et de TWR Space & Electronics est conquis par le Sud-Africain. Courtisé régulièrement par des hommes aussi

1. En 1975, soit six bonnes années avant le lancement de la navette *Columbia*, mise sur orbite en avril 1981.

riches que déraisonnables, il considère que, cette fois, ce nouveau milliardaire fou d'espace « semble savoir ce qu'il fait ».

Mueller ne le sait pas encore, mais sa vie vient de basculer. En l'espace de quelques mois, il va devenir le « directeur de propulsion » incontournable d'une société appelée à révolutionner le vol spatial, SpaceX, l'enfant chéri des défis pharaoniques d'Elon Musk.

Ainsi naît SpaceX, au printemps 2002

Avril 2002. Deux mois après leur rencontre déterminante à Huntington Beach, Musk et Mueller sont devenus inséparables. Des lancements spatiaux à bas prix : cette idée obsède Musk, lequel songe désormais à découvrir de nouveaux horizons, à diversifier le marché spatial et surtout à créer une entreprise aéronautique à but lucratif.

Le 6 mai 2002, le premier rêve spatial de Musk se concrétise, pour une poignée de dollars. Physiquement, il ressemble à un vieux hangar poussiéreux et désaffecté d'environ 7 000 mètres carrés et de près de douze mètres de hauteur. Nous sommes à El Segundo, dans la grande banlieue de Los Angeles. Officiellement, cet ancien entrepôt de camions sera le siège d'une nouvelle société astronautique, la Space Exploration Technologies Corporation. Plus connu aujourd'hui sous le nom de SpaceX, le hangar d'El Segundo[1] est le nouvel antre d'Elon Musk, le lieu à partir duquel le milliardaire sud-africain entend réinventer l'avenir, révolutionner l'espace et transformer Mars en future colonie terrestre.

1. L'adresse de la première implantation de SpaceX à El Segundo est au 1310 East Grand Avenue.

Pour une renaissance de l'esprit pionnier

En l'espace d'une semaine, les livraisons se succèdent, les ordinateurs s'accumulent et les bureaux s'installent. Très rapidement, le hangar désaffecté fait figure d'immense glacier rectangulaire tout droit sorti de l'Antarctique. Musk a en effet décidé de badigeonner de blanc toute sa surface et de tapisser le sol d'un revêtement époxy brillant. Après le décor, reste à trouver les hommes. À commencer par les cadres les plus performants, dont l'ambition n'a d'égale que l'efficacité. « Pour être le meilleur, commente Elon Musk, il faut s'entourer des meilleurs. » Outre l'incontournable Tom Mueller, on peut ainsi noter la présence de Chris Thompson, Gwynne Shotwell, Tim Buzza, Steve Johnson, Hans Koenigsmann, et de la remarquable Mary Beth Brown. Provenant d'horizons divers, de Boeing, de Lockheed et du JPL de Pasadena, tous sont des scientifiques hors pair dotés d'un passé de technicien de l'aérospatiale en béton, dans les domaines ultraspécialisés que sont les vols de fusées mais aussi les systèmes d'avionique et de guidage.

Surnommée « MB », Mary Beth Brown devient rapidement la véritable éminence grise d'Elon Musk. Chez SpaceX, chaque visiteur doit traverser son bureau avant de parvenir dans celui d'Elon. Aussi stakhanoviste que son illustre patron, Mary Beth veille au moindre détail des activités au sein de la société. En l'espace de quelques mois, non seulement elle planifie tous les rendez-vous d'affaires de Musk, mais elle assure toutes les relations avec la presse et finit par connaître par cœur les humeurs du fondateur de SpaceX.

Et n'allons pas croire qu'Elon se contente de privilégier ses ingénieurs. Loin de s'intéresser aux seuls premiers de cordée, Elon Musk examine les dossiers de tous les cadres et de tous les ouvriers désirant travailler sur le futur chantier de SpaceX.

Recrutant bien au-delà des frontières de la Californie, il engage alors aussi bien des soudeurs, des mécaniciens que des ingénieurs et des informaticiens. Tous se doivent de travailler sous le même toit, en parfaite harmonie et en parfaite complémentarité, sans distinction de grade, de métier ou de diplôme. Comme pour une armée partant en campagne, il réclame une camaraderie et une entraide sans failles. La discipline, l'enthousiasme au travail, la persévérance et la ponctualité sont les vertus cardinales qu'Elon Musk impose à son bataillon de choc.

En cette année 2002, cet état d'esprit tranche singulièrement avec tout ce qui se fait traditionnellement dans les usines aérospatiales. Une collaboration de classes et de métiers indissociable de l'esprit pionnier qui doit présider à la conquête d'une seconde Terre, la nouvelle frontière du XXIe siècle. Comme dans un vaisseau spatial qui dériverait seul sur l'océan de l'infini, toute tension ou toute division entre les membres de l'équipage seraient fatales à la réussite du voyage interstellaire et le périple entre les étoiles se transformerait en tragédie.

Pour une première société aérospatiale « autonome » et « low cost »

Une révolution sociétale avant la grande révolution cosmique ? Pour décrocher Mars et créer une humanité multiplanétaire, le fondateur de SpaceX entend en priorité expérimenter une société spatiale multiservices d'un nouveau style. Le premier but assigné aux salariés de SpaceX est de construire leurs propres moteurs et de tout parachever sur place. Dans les faits, la société spatiale privée d'Elon opte pour un dispositif industriel intégré verticalement, en concevant et fabriquant en interne 70 % des composants de son lanceur sur un seul site, alors que ses principaux concurrents confient notamment le développement de la propulsion à des sociétés de motorisation. Si pénurie de matériaux il y a, SpaceX fera appel à des sous-traitants hors du domaine de l'aérospatiale. En agissant de la sorte pour parvenir à ses fins, Musk rompt ainsi radicalement avec toutes les traditions de l'industrie spatiale, n'hésitant pas à aller chercher des sous-traitants ailleurs que dans le milieu astronautique. À la fin de l'année 2002, il contacte ainsi les industriels du lait. La raison ? Acheter leurs citernes métalliques pour les transformer en réservoirs de carburant...

Le coup de poker d'eBay

À long terme, Musk désire assembler toutes les pièces de ses futurs vaisseaux interplanétaires sous le même toit ; ainsi il réduira le temps de construction de ses fusées et par conséquent leur prix de vente. Du réservoir cryogénique à la mise au point du système de guidage en passant par l'installation de la turbopompe et bien sûr la construction du moteur de la fusée, tout se devra d'être fabriqué sur place, dans le grand hangar d'El Segundo. Tirant parti de son expérience acquise auprès des start-up de la Silicon Valley et du progrès réalisé en matière d'informatique et de matériaux, Musk demeure résolument optimiste. Au mois de juillet 2002, il a d'autant plus de raisons de s'enthousiasmer que la société eBay rachète PayPal pour la coquette somme d'un milliard et demi de dollars. Pour Elon, c'est un jackpot qui va lui ouvrir d'autres horizons, beaucoup moins terrestres. Héritant de plus de 180 millions de dollars[1] à l'issue de

1. Au moment du rachat d'eBay, Musk possède 11,7 % de PayPal.

ce vrai coup de poker, Elon Musk va pouvoir se lancer à corps perdu dans son projet SpaceX.

En souvenir de Star Wars... Falcon 1

En cet été 2002, Elon Musk peut voir l'avenir en rose, voire en rouge, couleur de la planète Mars. Au fil des mois, son équipe s'étoffe[1], son ambition grandit et ses projets se précisent[2]. À commencer par le nom de baptême de sa future fusée ; elle s'appellera Falcon, en référence au vaisseau spatial de *La Guerre des étoiles*. Elon promet à la fois de tripler la masse des charges mises en orbite et de réduire singulièrement leurs coûts d'un facteur trois. En d'autres termes, là où les fusées classiques satellisent environ 250 kilos à 400 kilomètres au-dessus de nos têtes pour un total de 30 millions de dollars, le fondateur de SpaceX propose dorénavant d'envoyer des objets de plus de 600 kilos en orbite circumterrestre pour une somme modique ne dépassant

---

1. Au cours de l'année 2002, SpaceX embauche dix nouveaux employés par mois. L'entreprise connaît par la suite une croissance exponentielle. De cent soixante employés en novembre 2005, le nombre des salariés passe à plus d'un millier en 2010. Trois ans plus tard, SpaceX compte près de quatre mille personnes. Au printemps 2017, le nombre d'employés dépasse six mille. Et l'aventure est loin d'être terminée.
2. Dans ce ciel de Musk en apparence sans nuages, on doit toutefois déplorer un drame, et non des moindres, celui de la perte de son premier enfant. Appelé Nevada Alexander, le nouveau-né décède subitement au bout de dix semaines. Cette mort subite du nourrisson est d'autant plus brutale qu'aujourd'hui encore, les causes de ce syndrome, touchant des bébés de moins d'un an en apparente bonne santé, restent en partie inexpliquées. Elon Musk et sa femme sont effondrés, mais ils surmontent ensemble l'épreuve en se tournant résolument vers l'avenir.

pas les 7 millions de dollars. Plus puissant et moins coûteux *a priori*, un programme enthousiasmant à bien des égards. Mais encore faut-il avoir les moyens de ses ambitions, à savoir réaliser dans un temps relativement court cette hypothétique fusée, du premier circuit intégré jusqu'au dernier boulon. Si une pièce vient à manquer, Musk est prêt à parcourir la terre entière, et dans un temps record, pour trouver l'objet en question.

Optimiste par nature, Elon Musk établit un calendrier selon lequel il programme de lancer son premier modèle de fusée dès le mois de novembre 2003. Quant aux premiers pas de l'homme sur Mars, il les prévoit pour l'année 2009, une façon toute muskienne de célébrer les quarante ans de la marche d'Armstrong sur la Lune. Il va rapidement déchanter.

Les débuts de l'aventure SpaceX sont catastrophiques. En raison d'une perte de 100 000 dollars par jour, de 2005 à 2008, trois échecs de tirs sont enregistrés par les collaborateurs de Musk sur leurs différents sites de lancement. Il faut en fait attendre le mois de septembre 2008, soit six longues années après les débuts des premiers essais, pour voir enfin décoller le premier engin de SpaceX, la fusée Falcon 1, d'une île perdue au milieu de l'océan Pacifique…

6

Le chemin de croix du projet Falcon

« L'échec est une possibilité. Si vous n'échouez jamais, c'est que vous ne prenez pas assez de risques. »

(Elon Musk)

Le temps, telle est la variable essentielle du caractère pragmatique de la société SpaceX. Pour parvenir à ses fins, Elon Musk établit d'abord un calendrier, tant pour la réalisation de ses moteurs que pour le prochain lancement de ses fusées. Même si les délais ne sont pas respectés, le fait d'imprimer une date butoir force ainsi sa kyrielle de collaborateurs à s'activer. Du délai de construction des moteurs « Merlin » à l'assemblage de toutes les pièces du lanceur, tout est absolument programmé.

La « transhumance du Texas »

L'unité de temps ne se double pas d'une unité d'action. Pour des raisons évidentes de sécurité, les essais du moteur de la future Falcon ne se réalisent pas à l'intérieur du hangar d'El Segundo, mais dans une zone très éloignée du siège central, au-delà même de l'État de Californie. Précisément à McGregor, une petite ville centrale du Texas nichée au milieu des champs agricoles[1]. Loin d'avoir été choisi au hasard par Elon Musk et Tom Mueller, le site est un ancien terrain d'expérimentation de missiles utilisés par l'US Navy. Tout juste deux ans plus tôt, ce centre spatial désaffecté appartenait encore à un certain Andrew Beal, un autre pionnier de l'exploration spatiale privée. Fou et féru de technologie spatiale, brillant mathématicien, milliardaire ayant fait fortune dans la banque, jeune et ambitieux, cet Elon Musk avant la lettre avait été, l'espace de trois ans, l'enfant chéri des médias. Le but avoué de ce « dandy du désert » était alors de placer en orbite, et à un moindre coût, des satellites de communication. Mais son aventure avait tourné court en octobre 2000 sous la pression concurrentielle de la Nasa, laquelle était dopée par des subventions du gouvernement fédéral. Beal avait pourtant connu son heure de gloire. Le 4 mars 2000, forts de la présence de plusieurs télévisions régionales, ses deux cents employés avaient ainsi testé avec succès le moteur BA-810 Stage 2, qui était à l'époque le moteur de fusée le plus puissant jamais construit par les Américains depuis l'arrêt du programme Apollo. Sous les yeux d'un public enthousiaste, le moteur en question, alors placé à l'horizontale, avait brûlé ses quatre cents tonnes de peroxyde d'hydrogène liquide et de kérosène pendant une durée exceptionnelle de vingt et une secondes. Un passé désormais révolu, faute de gros sous…

1. En 2021, la société SpaceX est devenue un géant de la conquête spatiale. Pour expérimenter ses fusées, elle dispose de quatre terrains de lancement. Parmi eux, le site même de Cap Kennedy alloué par la Nasa. Dernièrement, Elon Musk a acquis un nouveau terrain à Boca Chica, toujours au Texas.

Étalé sur près de cent vingt hectares[1], l'ancien site de la Beal Aerospace Technologies dispose en particulier « d'un tripode de trois étages en ciment avec des piliers gros comme des troncs de séquoia[2] ». Quand Andrew Beal a décidé de cesser ses activités, deux ans plus tôt, ce joueur de poker invétéré a carrément laissé sur place tout le matériel de construction et de réparation de sa fusée géante de trois étages.

Objectif 180 secondes !

Automne 2002. SpaceX connaît son baptême du feu. Sous une chaleur accablante, le premier moteur, un générateur de gaz, est expérimenté sur l'ancien site de la Beal Aerospace. Effectué quelques mois plus tôt sur le site désertique de Mojave, le premier essai a tourné au fiasco après une phase d'allumage dégageant une insupportable fumée noire. À présent installés dans le désert rocailleux de McGregor, les collaborateurs d'Elon Musk s'évertuent à mettre au point un générateur capable de cracher du feu l'espace de 180 secondes. Une éternité, pour les concepteurs, mais un temps absolument nécessaire à la mise en orbite des futures fusées Falcon. Qu'il fonctionne moins de 180 secondes et la route des étoiles demeure à jamais interdite.

Malgré un personnel de choix, à savoir l'incontournable Tom Mueller mais aussi l'énergique Jeremy Hollman, un ancien ingénieur de chez Boeing, les essais piétinent, le matériel casse et les moteurs calent régulièrement. Quand ce n'est pas le générateur qui explose,

1. En avril 2011, en raison de son succès, la société SpaceX double la surface de ses installations sur le site de McGregor.
2. Propos rapportés par Michael Belfiore dans son livre *Rocketeers* (Smithsonian Books, 2009).

c'est une pièce défectueuse qui endommage l'engin, ou une vanne de carburant qui s'ouvre mal. Sans compter le matériel qui s'use à grande vitesse. À chaque test, la jupe de la tuyère se gonfle et fond littéralement sous la poussée des gaz. Quoi qu'il en soit, notre équipe persévère et les essais s'enchaînent, bon gré mal gré. Si le processus l'impose, l'équipe de SpaceX n'hésite pas à travailler dix jours consécutifs, au milieu des fourmis rouges, des scorpions et des serpents à sonnette, quitte à sauter des repas et à revenir illico presto en Californie au moyen d'un jet privé pour aller chercher du nouveau matériel.

Affrété par Musk en personne, un appareil est mis à l'entière disposition de ses salariés. En effet, pour soutenir son personnel dans son labeur quotidien, le fondateur de SpaceX est prêt à tous les sacrifices, à tous les cadeaux, à toutes les aides possibles et imaginables. Mais il exige en contrepartie un investissement total. Cent heures par semaine, douze heures par jour, un travail harassant, long et quotidien qui n'autorise pas l'amateurisme, la mauvaise volonté ou le défaitisme. Ce que ne supporte pas Musk et qui le met totalement hors de lui, ce sont surtout les faux prétextes pour faire une pause. N'allons pas croire pour autant que Musk exerce une véritable tyrannie. Preuve en est sa passion pour les jeux de rôle sur ordinateur. Pour détendre l'atmosphère, le soir venu, aux environs de 20 heures, le directeur de SpaceX ôte ainsi régulièrement ses habits de grand patron pour revêtir ceux d'un tueur fictif sans états d'âme lors de séances de jeux vidéo inénarrables. Au cours de la seule année 2003, plusieurs fois par semaine, et surtout après une bonne journée de stress, Musk retrouve son esprit d'enfance en participant activement à des jeux vidéo de simulation de tirs aux côtés de ses principaux collaborateurs. Un véritable combat à mort où tous les coups et tous les jurons sont permis. Des soirées inoubliables. L'espace de quelques heures, Musk et ses salariés redeviennent de vrais gamins qui ne songent qu'à se marrer et à se divertir tout en buvant du cognac dans de simples verres en plastique. Au moyen de mitrailleuses, de grenades nucléaires et de pistolets à plasma fictifs, deux équipes s'affrontent ainsi pour désactiver des bombes, neutraliser des terroristes ou libérer des otages[1]. À la façon des anciens spartiates au moment des guerres médiques[2], d'aucuns en profitent pour s'injurier et essaient de canarder l'intouchable patron[3]. Mais en pure perte. À en croire ses salariés, Musk excelle dans ces jeux de tirs à la première personne.

Deux ans de travail acharné… et le crachat fut !

Au chevet du moteur, baptisé « Merlin », des semaines durant, Mueller et son équipe font preuve d'une mentalité de fer. Un esprit pionnier digne des premiers explorateurs de l'Antarctique, l'épreuve du froid en moins. Le premier, Tom Mueller n'a jamais renoncé à un projet. Ces 180 secondes de bonheur, c'est

---

1. C'est notamment le cas pour le jeu *Counter Strike.*
2. Au ve siècle avant notre ère, l'éducation spartiate avait pour but de transformer tout jeune citoyen en futur soldat. Un quotidien fait de privations, de combats et d'épreuves en tout genre. Les seuls moments de détente étaient les repas, où chacun s'exerçait à injurier et à charrier ses camarades sans ménagement. C'est à qui avait le plus de répondant. Une seule recommandation : ne jamais perdre le contrôle de soi.
3. En temps normal, Musk se révèle intraitable, n'hésite pas à licencier un ingénieur et n'admet jamais ses erreurs.

son passeport pour la conquête de l'espace. Dérivé de l'ancien moteur-fusée RL-10[1] ayant équipé les modules lunaires des missions Apollo, Merlin utilise comme carburant un subtil mélange d'oxygène et de RP-1, une variante de kérosène[2]. Loin de décourager les hommes de SpaceX, les échecs répétés des tests les motivent et renforcent leur détermination. À commencer par monter de nouveaux appareillages et de nouveaux bancs d'essai. Même si la société d'Andrew Beal a laissé sur place tout son matériel après son dépôt de bilan, ce n'était pas encore suffisant pour satisfaire les appétits des apprentis sorciers de SpaceX. Dans les premiers mois de leur installation à McGregor, Mueller et ses amis montent ainsi un gros bloc d'une dizaine de mètres de long sur cinq de hauteur pour expérimenter leur moteur ; l'antre de Merlin. Dès lors que l'appareil crache ses gaz, Mueller et ses équipiers se réfugient derrière un abri, pour mieux en mesurer les effets sur leurs écrans de contrôle. Et l'expérience de se répéter un bon millier de fois, générant systématiquement un bruit d'enfer à plus d'un kilomètre à la ronde. Un cauchemar pour les voisins de la base et un casse-tête pour les observateurs. À la fois simple et complexe, le moteur en question se présente sous la forme d'une chambre de refroidissement et d'une énorme tuyère évasée en composite à base de fibre de carbone[3] avec un revêtement ablatif censé ralentir son érosion mécanique…

1. Le premier moteur à utiliser de l'hydrogène liquide.
2. Le RP-1 (*Rocket Propellant 1* ou *Refined Petroleum 1*) est un produit spécialement raffiné comme carburant liquide pour les fusées. Moins puissant que l'hydrogène liquide, il se révèle plus facile à utiliser.
3. Le circuit d'alimentation du moteur repose sur une turbopompe unique alimentée par un générateur de gaz.

L'expérimentation du moteur Merlin est en fait le premier épisode d'une véritable odyssée spatiale se déroulant sur Terre. Qu'elle vienne à échouer, et c'est l'ensemble du programme martien de SpaceX qui tombe à l'eau. Il faut en fait attendre près de deux ans, sous un ciel plombé de nuages gris, pour voir enfin le moment tant attendu : un crachat d'ergols liquides de plus de 180 secondes, soit trois longues minutes d'éjection de gaz. L'équivalent de près de quarante tonnes de poussée. Nous sommes en octobre 2004. Succès certes, mais qui accuse déjà près d'un an de retard sur le calendrier préétabli par Elon Musk à la fin de l'année 2002.

Impasse à Vandenberg

Le moteur « Merlin » mis au point, la route des étoiles est encore ponctuée d'obstacles en tout genre, en particulier relatifs aux difficultés rencontrées au niveau de l'avionique. Le logiciel de pilotage de la future fusée Falcon 1 se révèle ainsi défectueux. Résultat, selon les dires de Mueller, le programme Falcon prend encore six mois de retard pour que soit résolu le problème…

Au printemps 2005, la première fusée de SpaceX est désormais prête pour le décollage tant attendu. Répondant au nom de Falcon 1, comme il était initialement prévu, elle se présente sous la forme d'un énorme « suppositoire » haut de plus de 21 mètres et d'une masse dépassant 27 tonnes. Théoriquement, la fusée d'Elon est un lanceur réutilisable capable de placer plus de 670 kilos en orbite basse. Cela étant, la base de McGregor ne dispose pas d'un pas de tir suffisamment important pour lancer le prototype. Courant toujours après le temps, Musk s'empresse alors de contacter la base militaire californienne de Vandenberg[1] pour demander une fenêtre de lancement. Le site en question est surtout utilisé pour satelliser des objets sur une orbite polaire et plus généralement pour tester des missiles balistiques. Située non loin du quartier général d'El Segundo, cette base de l'US Air Force serait idéale pour expérimenter le moteur-fusée révolutionnaire. Mais c'est compter sans les concurrents de l'industrie spatiale.

A priori d'accord avec le principe d'accueillir l'équipe de SpaceX en leur antre, les militaires de Vandenberg s'ingénient à mettre des bâtons dans les roues aux nouveaux venus de l'ère spatiale. Au grand dépit d'Elon Musk, pendant plusieurs semaines, les lanceurs de Lockheed et de Boeing sont systématiquement privilégiés par les ingénieurs de la base californienne. À l'évidence, certains voient d'un mauvais œil ces apprentis sorciers de l'espace qui entendent casser les prix de mise en orbite des satellites[2].

Reculant sans cesse le jour et l'heure du départ de la fusée Falcon, les responsables de Vandenberg font preuve d'une mauvaise volonté évidente. Faussement aimables, ils répètent à qui veut les entendre que les derniers arrivés doivent attendre sagement leur tour. « Ils avaient beau dire que nous pourrions voler, il était clair que c'était non[3] »,

1. La Vandenberg Air Force est une base militaire américaine nichée dans le comté de Santa Barbara. Relevant du Commandement des forces spatiales (Air Force Space Command, AFSPC), elle est l'une des trois principales bases de lancement de fusées du programme spatial américain. Ses pas de tir servent essentiellement à propulser des satellites sur une orbite polaire ou encore à tester des missiles intercontinentaux.

2. En ce printemps 2005, la firme Lockheed met en orbite des satellites espions dépassant le milliard de dollars. Et leurs fusées ne sont pas réutilisables.

3. Ashlee Vance, *op. cit.*

constate amèrement Gwynne Shotwell, la responsable commerciale de SpaceX. De leur côté, les ingénieurs de Lockheed ne cachent pas leur agacement devant cette armée de techniciens regardés comme plus gênants que compétents. Devant cette impasse, Elon Musk ne décolère pas ; il prend alors une décision radicale : au terme de seulement quarante jours de présence à Vandenberg, l'ambitieux prend la résolution de claquer la porte de la base, au risque de froisser la moitié de l'état-major de l'armée américaine. Nonobstant, l'US Air Force ne lui en tient pas vraiment rigueur. Bien au contraire. Preuve en est le nouveau point de chute de l'équipe de SpaceX. Dès le mois de juin 2005, l'équipe d'Elon Musk plie bagage et embarque tout son matériel pour partir à bord du jet privé du patron au beau milieu du Pacifique, sur l'atoll de Kwajalein, un coin perdu des îles Marshall. Le choix du site peut surprendre, surtout en raison de son éloignement de la Californie ; il ne relève pourtant en rien du hasard. Situé près de l'équateur, où la gravité de notre globe se révèle moindre[1], « Kwaj » fait figure de lieu idéal pour lancer des fusées avec une poussée moindre.

Direction Omelek… un îlot perdu au cœur du Pacifique

Kwaj ? Un atoll de près de dix-sept kilomètres carrés ancré à environ quatre mille kilomètres au sud-ouest d'Hawaï. Composé de pas moins de quatre-vingt-dix-sept îlots, il constitue l'un des plus vastes lagons du

1. C'est en raison du même principe, une vitesse de rotation plus élevée de notre planète au niveau de l'équateur, que la France a opté pour le centre de Kourou en Guyane après avoir perdu le site algérien. En termes clairs, plus proche on est de l'équateur, plus fort est l'effet de fronde imprimé aux engins spatiaux.

monde. Autrefois le théâtre d'une bataille mémorable pendant la guerre du Pacifique[1], l'atoll avait été depuis accaparé par la marine américaine, laquelle y avait testé avec succès plusieurs dizaines de missiles balistiques.

En ce beau matin de l'été 2005, l'équipe d'élite d'ingénieurs de SpaceX débarque au grand complet. Vêtus de sahariennes et coiffés de casquettes à l'effigie de l'US Navy, les camarades d'Elon Musk font figure de véritables commandos de marine, ou à tout le moins d'aventuriers en quête de sensations fortes. Avec leurs sacs sur les épaules et les conteneurs qu'ils débarquent en masse sur l'aérodrome principal de l'atoll, on croirait à s'y méprendre des chasseurs sortis tout droit de *Jurassic Park* ; ne leur manquent que les bazookas et les grenades explosives.

C'est pourtant bien l'aventure qui les attend. Dans un milieu aussi inhospitalier que paradisiaque. En guise de tricératops, de vélociraptors et de tyrannosaures, l'équipe va devoir affronter, des mois voire des années durant, des ennemis beaucoup plus petits mais tout aussi coriaces : une armée de moustiques, de souris et de fourmis rouges. Sans compter une humidité excessive rendant le moindre mouvement pénible si ce n'est épuisant. Tout un programme. Et l'aventure de ce bout du monde de commencer par un petit périple en bateau. Sitôt arrivés sur Kwaj, Mueller et ses amis ingénieurs embarquent en effet sur un navire, avec armes et bagages, en direction d'un minuscule îlot. Leur but est Omelek, une parcelle de terre n'excédant pas trois hectares…

1. La bataille américano-japonaise de Kwajalein s'est déroulée au début du mois de juillet 1944.

Après quarante-cinq minutes de traversée sans histoires, l'îlot en question se découpe sur l'horizon. Planté de palmiers et couvert d'une végétation aussi dense que luxuriante, l'endroit est complètement plat et semble vierge de toute présence humaine. L'armée américaine y a pourtant élu domicile pendant plusieurs années pour y tester ses missiles[1]. *A priori*, la nature y a repris ses droits. Tout est à construire ou plutôt à reconstruire, des baraquements de fortune aux aires de lancement en passant par les hangars, les entrepôts et un camp de retranchement contre les bêtes sauvages. Constatant qu'ils ne peuvent plus se contenter de leurs compétences d'ingénieurs et de commerciaux, les collègues et les assistants d'Elon Musk vont devoir s'improviser charpentiers, maçons ou encore cuisiniers. Une vraie vie de baroudeur ou de légionnaire romain en campagne contre les barbares.

Neuf mois de galère sur l'atoll de Kwaj

Des mois durant, de l'installation de l'électricité à celle des douches en passant par le coulage du béton et le défrichement de l'îlot, Mueller et les siens redoublent d'efforts et d'inventivité pour édifier un centre ou plutôt un camp digne de ce nom. Faute d'avoir du matériel adéquat, on installe des lits de camp, on taille des troncs d'arbre en guise de bureau et on pose la fusée sur des grumes pour la faire rouler jusqu'à son hangar. Qui plus est, le logement et la nourriture des ingénieurs sont spartiates. D'aucuns n'hésitent pas à sauter des repas pour mieux avancer dans leur labeur.

1. Le dernier test remonte à l'année 1996.

Fils de bûcheron et bricoleur hors pair, Tom Mueller se sent particulièrement à l'aise dans cet îlot perdu au bout de la terre. Stimulant ses camarades, il est toujours le premier levé, debout dès 6 heures du matin, et le premier à l'ouvrage pour défricher, bâtir ou encore paver la route qui mènera la fusée Falcon du hangar jusqu'à son pas de tir. Et le tout sous un soleil de plomb.

Mille fois, les ingénieurs de SpaceX montent et démontent leur matériel, plaçant leur fusée à la verticale sur son pas de tir improvisé, puis la ramenant, au prix d'efforts titanesques, dans le hangar où elle est posée horizontalement. La raison : le taux d'humidité et de salinité excessif de l'air. Dans cette brousse souffrent les hommes mais surtout les machines, attaquées en permanence par la corrosion. Régulièrement, Mueller et ses amis s'évertuent à racler le sel qui s'accroche à la coque de la fusée. Sans compter les imprévus. Un boulon mal serré, un condensateur à remplacer, une météo déplorable, les motifs d'annulation de vol ne manquent pas.

Un matin de novembre 2005, alors que l'équipe de SpaceX s'affaire à sa première tentative de lancement, on s'aperçoit juste à temps d'une fuite du réservoir d'oxygène liquide, à raison de 2 000 litres à l'heure. Une catastrophe. Résultat, le vol est reporté, les militaires n'ayant octroyé que six heures pour procéder à une fenêtre de lancement. Et la galère de continuer. Dans les semaines qui suivent, les incidents se multiplient et les casses s'aggravent, en particulier dans le système électrique de la Falcon. Nullement découragés, les ingénieurs n'hésitent pas à reprendre l'avion pour Los Angeles et revenir, illico presto, avec de nouveaux condensateurs. Finalement, le moment tant attendu arrive, à savoir le lancement à proprement parler de la fusée. Nous sommes le 24 mars 2006.

La faute à Hollman ?

En ce vendredi 24 mars, c'est le branle-bas de combat sur la petite base d'Omelek. *A priori*, la météo est excellente ; aucun cumulonimbus n'assombrit le ciel, l'équipe de SpaceX va pouvoir observer en toute quiétude l'évolution du vol de son bijou technologique. Au regard de l'importance de l'événement, Elon Musk est lui-même sur le terrain. Chaussé de vulgaires tongs et affublé d'un simple short, le fougueux directeur de SpaceX observe avec une anxiété presque palpable la Falcon 1 reposant sur son pas de tir. Dressée comme un obélisque, la fusée d'une vingtaine de mètres de hauteur se découpe sur l'horizon bleu du Pacifique.

Pour la circonstance, Musk et son équipe se sont réfugiés dans un bunker dissimulé dans la brousse à quelques kilomètres du centre d'essais. En aucun cas, ce stakhanoviste de l'espace n'entend réitérer l'expérience du 26 novembre précédent, il en va de sa crédibilité auprès de la communauté spatiale. De la turbopompe aux injecteurs en passant par le système de refroidissement et la chambre de combustion, tout a été contrôlé avec minutie la veille du lancement. En d'autres termes, Musk ne veut pas hériter du surnom d'Icare des temps modernes, mais être le digne successeur de Wernher von Braun, le père mythique des fusées Saturn V.

Au milieu de la matinée, à l'heure prévue par Mueller, la tuyère de Merlin crache ses gaz, la fusée s'élève lentement puis plus rapidement dans les airs, sans la moindre anicroche. Un premier sourire, crispé il est vrai, se lit alors sur le visage d'Elon. Est-il sur le point de décrocher le Graal de l'espace ? C'est encore trop tôt pour exploser de joie. Preuve en est la suite des événements. En effet, trente secondes se sont à peine écoulées depuis le moment du décollage qu'un éclair apparaît au-dessus de la tuyère. C'est le signal du décrochage. Tout va alors très vite. Dans les secondes qui suivent, la fusée part en vrille en tournoyant sur elle-même à une vitesse folle, descend en flèche vers la base d'Omelek, puis s'écrase avec fracas sur un récif situé à quelques centaines de mètres du bunker. Elon Musk est littéralement effondré. En guise d'excuse, le père de Merlin explique que chaque société spatiale a connu ses difficultés et ses vicissitudes. À son tour, SpaceX paie son tribut. Qu'il s'agisse d'Ariane, de Soyouz ou des fusées Proton, constate-t-il, toutes les agences ont connu leur part d'échecs. « Nous avons tous une croix à porter », se console Elon Musk.

Dans les semaines qui suivent, l'accablement se transforme rapidement en colère. Si échec il y a, c'est que l'ouvrage a été mal conçu, s'indigne l'ambitieux directeur. Et celui-ci de désigner un coupable : Jeremy Hollman. L'ancien ingénieur de Boeing est en effet accusé, à tort ou à raison, d'avoir travaillé avec précipitation la veille du lancement. D'après Musk, Hollman a oublié de resserrer une fixation sur un tuyau de carburant. De retour dans leur antre californien, les deux hommes s'expliquent et la confrontation tourne à l'affrontement. Devant l'insistance de Musk, Hollman s'emporte et refuse toute responsabilité dans l'échec du lancement du 24 mars. Fait absolument inimaginable encore quelques jours plus tôt, l'un des piliers du programme Falcon claque la porte au nez d'Elon Musk. En ce mois de mars 2006, le programme Falcon a du plomb dans l'aile…

Trois échecs en trois ans

Sur la base de fortune d'Omelek, l'heure est à la grande déprime. Neuf mois de travail acharné anéantis après seulement une minute de vol, il y a de quoi cauchemarder. Tout est à refaire. Non seulement il n'y a plus d'exemplaire de fusée disponible sur l'atoll, mais il manque la plupart des pièces de rechange. Plus de condensateurs, plus d'injecteurs ni même de tuyères, ce petit coin de paradis des îles Marshall se transforme en enfer. Faute de comprendre la raison de leur échec, d'aucuns se perdent dans la boisson, d'autres rongent leur frein en silence en regardant les horizons lointains. Entre Musk et ses salariés, l'ambiance devient exécrable. Mueller lui reproche en particulier son attitude à l'égard d'Hollman. Nous sommes au bord de la rupture. On frôle la « mutinerie ». Finalement, au terme de quelques semaines d'enquête, le défaut de la cuirasse est identifié : la faillite du 24 mars serait due à un problème de corrosion. En raison du fort degré de salinité de l'atmosphère et malgré tous les efforts entrepris par l'équipe de Mueller pour retirer le sel de la coque et remplacer par endroits des morceaux d'inox par des pièces faites d'aluminium, le travail de Mère Nature avait sapé le projet Falcon.

Nonobstant, bon gré malgré, les hommes de Musk se remettent à l'ouvrage. À compter du mois de mai 2006, tous ont tourné la page calamiteuse du 24 mars. Comme Musk, on se veut de nouveau volontaire, passionné, discipliné. Pour parvenir à leurs fins, les ingénieurs de SpaceX prennent la ferme résolution de ne négliger aucun aspect technique ni aucune concertation. Le collectif, voici le maître mot du nouveau SpaceX. « Discuter et travailler ensemble », telle pourrait être la nouvelle devise de ces fanas de l'espace perdus au milieu du Pacifique. En d'autres termes, il ne s'agit pas d'avoir les meilleurs ingénieurs du monde pour être performants. Ce qui compte, insiste désormais Musk, c'est l'esprit d'équipe ; mieux encore, celui de la camaraderie dans l'effort mais aussi dans l'échec. Si le projet échoue, la faute en sera dorénavant collective. Fini les boucs émissaires, fini les engueulades. À l'image d'une équipe de footballers, SpaceX ne doit pas être une somme d'individualités, mais un collectif structuré et discipliné où l'empathie doit primer sur la rivalité.

Des vœux pieux, des résolutions sans lendemain ? Quoi qu'il en soit, le travail reprend de plus belle. Nombreux sont ceux qui n'hésitent pas à dormir sur place, au pied même du pas de tir de la fusée, dans un abri de fortune. Du nouveau matériel est importé par avion de Californie, le rythme des journées redevient haletant et, au terme de quelques mois, une fusée Falcon flambant neuve se dresse sur le minuscule îlot. Faute de trouver dans l'immédiat le bonheur dans l'espace, Musk se réconforte avec sa famille. En cette année 2006, sa femme Justine lui donne trois nouveaux enfants. Trois garçons de plus ! Répondant aux noms de Damian, de Saxon et de Kai, ces triplés agrandissent encore le cercle familial après la naissance de jumeaux en 2002…

Trois cent cinquante-six jours. Il faut attendre pas moins d'un an pour voir à nouveau une Falcon *made in SpaceX* prendre le chemin des étoiles. Nous sommes le 15 mars 2007. Au début du lancement à proprement parler, tout semble se dérouler pour le mieux. Cinq minutes d'extase au cours desquelles Elon et les siens retrouvent le sourire et commencent à croire au succès. Après deux minutes de vol, des applaudissements rompent même le silence de plomb qui prévalait lors des premières phases de la mission. En effet, la Falcon s'élève sans le moindre tremblement et, à l'instant T, elle se sépare de son premier étage, puis de sa coiffe. Mueller et ses amis croient à une toute prochaine mise en orbite quand survient le drame. Après cinq minutes de vol et 320 kilomètres d'ascension, la fusée se met brusquement à vaciller, le moteur de son second étage s'éteint prématurément et c'est l'explosion.

Blottis dans leur centre de contrôle, les membres de SpaceX demeurent interdits. Musk tape rageusement du poing sur une table. Un deuxième échec. Ce n'est pas possible ! Cette fois, pas de bouc émissaire désigné ni même de hurlements. La tristesse l'emporte sur la colère, mais l'interrogation demeure. Il s'agit de savoir au plus vite où le bât blesse. Contrairement au test précédent, la nature de l'incident est identifiée à l'issue d'une enquête de quelques jours. La corrosion, il n'en est plus question. La faute en incombe à présent au réservoir d'ergols liquides. « Quand le niveau de carburant avait baissé dans le réservoir, commente avec justesse Ashlee Vance[1], la quantité restante avait commencé à s'agiter, clapotant contre les parois à la manière d'un vin qu'on fait rouler dans un verre. À un moment, le vacillement produit par cette agitation avait été suffisant pour mettre à nu une ouverture du moteur. Celui-ci avait alors aspiré une grande bouffée d'air et s'était éteint »...

Contrairement au premier essai, Elon Musk ne ressent ni colère ni découragement. Loin de chercher des responsables de ce nouvel échec, il entend continuer coûte que coûte, croyant toujours dur comme fer à sa réussite finale. Le succès est dans la patience et la persévérance, assure-t-il.

Et vint le quatrième essai... celui de la victoire

En l'espace de deux essais, les fusées Falcon ne sont restées que six minutes en l'air, en tout et pour tout. Un fiasco qui en découragerait plus d'un. Mais il en faudrait

---

1. Ashlee Vance, *op. cit.*

davantage pour abattre l'équipe de SpaceX. Après vingt et un mois pleins passés sur Omelek, on ne peut se permettre de baisser les bras. Sitôt constaté l'échec de la deuxième fusée, Mueller et ses collaborateurs bossent comme des forçats. Sans vraiment révolutionner leur lanceur, ils décident toutefois d'en améliorer le moteur Merlin en changeant son système de refroidissement. Résultat, le 3 août 2008, soit un an et demi après le deuxième vol avorté, une nouvelle version de la Falcon 1 est prête au décollage.

Une fois encore, les premières phases du vol se réalisent sans anicroche, au grand soulagement de Mueller. Et pourtant, le vol se révèle encore plus catastrophique que le précédent. L'incident survient cette fois dès la troisième minute d'ascension. En cause, la séparation manquée des premier et second étages de la fusée, qui entrent alors en collision. Paradoxalement, la faute en incombe au nouveau moteur Merlin à refroidissement régénératif actif, plus léger, dont la poussée était supérieure au précédent. Résultat : cette force d'accélération supplémentaire oubliée par les ingénieurs de SpaceX a fait voler la mission en éclats. Contrairement aux prévisions, le moteur du premier étage s'est amorcé alors que les deux éléments sont restés soudés, générant ainsi l'explosion fatale.

Après le problème de la corrosion en 2006, celui du réservoir en 2007, c'est maintenant au moment de la phase cruciale de la séparation entre les deux étages que se produit le drame. Pire que les deux précédents, ce troisième fiasco plonge l'équipe de Musk dans le désarroi le plus total. Après une très brève phase d'euphorie, ce dysfonctionnement inopiné du moteur sape littéralement le moral des troupes. D'aucuns pleurent quand d'autres s'arrachent les cheveux. Le premier, Elon Musk accuse le coup. Non seulement il ne dispose plus de fusées, mais l'argent vient à manquer. Depuis l'arrivée de son équipe sur l'atoll, plus de 3 millions de dollars par mois sont partis en fumée ; Elon Musk en est même venu à revendre ses voitures de luxe, comme sa McLaren. Pour ne rien arranger, SpaceX perd la confiance des entrepreneurs privés et de l'armée ; n'oublions pas que Falcon 1 devait placer en orbite une charge satellitaire. À la perte des fusées s'ajoute le déshonneur.

En raison de son investissement croissant dans le projet Tesla[1], Musk est au bord de la faillite. Pour corser le tout, sa vie privée bat de l'aile. 2008 est l'année de son divorce avec Justine, laquelle hérite de 80 000 dollars par mois à titre de pension alimentaire pour elle et ses cinq enfants. Si jamais le prochain test de la Falcon échoue une quatrième fois, Elon peut dire adieu à la société SpaceX et à son défi utopique d'aller conquérir la planète Mars d'ici l'année 2020[2]. Et il ne va pas attendre un an !

Malgré sa situation financière catastrophique, Musk engage alors les grands moyens. Preuve en est la seule location d'un avion-cargo militaire pour transporter le nouvel exemplaire de la fusée. 90 000 dollars le voyage, pour gagner du temps ! Le trajet Los Angeles-îles Marshall dure une bonne dizaine d'heures. Mais la poisse continue. En effet, l'avion ne s'est certes pas écrasé, mais le transfert de la Falcon à bord de l'avion s'est révélé totalement désastreux. Le bijou de SpaceX

1. Voir chapitre 14, p. 187 : « Au cœur de l'aventure Tesla ». Un autre défi technologique qui lui coûte pas moins de 4 millions de dollars par mois.
2. Depuis l'échec de Falcon 1 en 2007, l'objectif Mars a été repoussé à 2025.

sort profondément abîmé par le vol. La raison : la pression de l'air à l'intérieur de l'avion a carrément fendu la coque en plusieurs endroits. Résultat, il faut de nouveau recourir à des pièces de rechange. Malgré un travail acharné des hommes de Musk, lesquels n'hésitent pas à s'échiner seize heures par jour, le programme prend deux bonnes semaines de retard sur les prévisions.

Le 28 septembre 2008, c'est chose faite. Le quatrième exemplaire de la Falcon 1 campe sur son pas de tir. Une fois n'est pas coutume, la fusée ne transporte aucune charge, par principe de précaution. *A priori*, pas de problèmes de météo. Le ciel est limpide et d'un bleu intense. En fin d'après-midi, la Falcon décolle. Le monstre d'aluminium noir et blanc s'élève dans les airs avec majesté. Là encore, les cœurs des ingénieurs de SpaceX battent à l'unisson. À chaque phase réussie du vol, les esprits s'enflamment et s'inquiètent à la fois. La Falcon va-t-elle aller jusqu'au bout ou la Providence leur réserve-t-elle encore un mauvais tour ? Mais non, tout se déroule impeccablement. Une, deux, trois longues minutes s'égrènent… La phase de séparation des étages se passe sans accroc et le moteur ne s'emballe pas. À l'heure dite, au terme de neuf minutes de vol, la Falcon 1 atteint son altitude de mise en orbite. Le succès est total, Musk et les siens exultent. Les larmes de joie du 28 septembre remplacent les larmes de désespoir du 3 août.

Pour la première fois dans l'histoire de la conquête spatiale, une entreprise privée a réussi à satelliser une fusée. Et elle s'appelle SpaceX. Le quatrième vol de Falcon 1 lui permet d'entrer dans la cour des grands des conquérants de l'espace. Ce 28 septembre 2008 signe véritablement l'acte de naissance de la société d'Elon. Le futur commence maintenant…

7

Quand la Nasa sauve SpaceX

« On dit bêtement que l'échec n'est pas une option, à la Nasa. Chez SpaceX, l'échec est une option. Si vous n'échouez pas, c'est que vous n'innovez pas assez. »

(Elon Musk)

En cet automne 2008, malgré son dernier succès spatial à Kwaj, Elon Musk est au bord du gouffre... Les trois quarts de sa fortune initiale, pas moins de 200 millions de dollars, sont déjà partis en fumée. Le seul carburant d'une fusée coûte plus de 300 000 dollars par lancement.

La réussite sans l'argent

Lors du vol réussi du 28 septembre 2008, par mesure de sécurité, aucun satellite commercial n'avait été embarqué à bord de la fusée ; la charge de 160 kilos était complètement factice. Certes, son dernier succès a généré une nouvelle demande de mise en orbite d'un satellite malaisien, mais le lancement n'est pas prévu avant la mi-juillet 2009. Résultat, Elon Musk est aux abois. Les salaires de ses ingénieurs risquent de ne plus être versés d'ici trois mois si la situation financière se détériore encore. Et les tuiles de s'accumuler. Si SpaceX redresse quelque peu la tête, sa société Tesla touche le fond, et son ex-femme essaie de lui porter l'estocade en le faisant passer pour un fou furieux obsédé par sa réussite professionnelle, ou encore un monstre inadapté au monde réel. Et la presse de s'en donner à cœur joie pour relater les relations houleuses du couple Musk. En guise de consolation après son divorce, Elon rencontre une actrice anglaise de vingt-deux ans pourvue de tous les atouts propres à le séduire. Belle, élégante, raffinée et un tantinet espiègle, elle répond au nom de Talulah Riley[1]. Le coup de foudre aurait eu lieu au cours de l'été 2008, soit en pleine tourmente des vols de la Falcon 1, dans les salons huppés du Whisky Mist, un club privé londonien. Aussi splendide qu'ingénue en matière astronautique, la jeune femme est immédiatement fascinée par notre mi-play-boy, mi-cow-boy de l'espace.

Quoi qu'il en soit, la présence d'une nouvelle femme dans sa vie privée n'arrange en rien sa situation financière. Bien au contraire. Il se demande même, l'espace de quelques semaines, s'il ne va pas devoir sacrifier l'une de ses entreprises fétiches pour en sauver une. SpaceX ou Tesla ? En désespoir de cause, et pour éviter la banqueroute de ses sociétés, Musk fait le tour de ses connaissances, essaie de rassurer ses investisseurs et sollicite fréquemment ses amis, notamment l'homme d'affaires Bill Lee[2], lequel n'hésite pas à investir

1. En cet été 2008, son dernier film remontait à l'année 2007. Intitulé *St Trinian's, pensionnat pour jeunes filles rebelles*, il racontait l'histoire d'une école de jeunes filles issues de l'aristocratie. Étonnamment, l'établissement était en proie à de terribles ennuis financiers. À propos de la vie privée d'Elon Musk, voir épilogue, p. 225.
2. Bill Lee est devenu gouverneur du Tennessee en 2019.

2 millions de dollars dans Tesla. 2 millions de dollars ? Une somme non négligeable à première vue, mais qui semble dérisoire étant donné la situation financière catastrophique de l'homme de Pretoria. C'est alors que se produit un miracle. Contre toute attente, il provient de la Nasa. Dans le cadre du programme COTS[1], l'agence spatiale américaine recherche des entreprises privées capables de placer en orbite des vaisseaux-cargos qui assureraient le renouvellement des équipages de l'ISS (la Station spatiale internationale) ainsi que son ravitaillement en fret pressurisé. L'objectif à long terme des gens de Cap Kennedy est de maintenir en permanence six astronautes à bord de l'ISS, un travail assuré jusqu'ici par les navettes *Endeavour*, *Atlantis* ou *Enterprise*. Or, depuis l'explosion en vol de *Columbia* avec ses sept passagers, en février 2003, la Nasa envisage sérieusement d'arrêter dans un avenir très proche les missions de la navette spatiale[2]. Pour Musk et ses collaborateurs, cet appel d'offres de la Nasa est inespéré. Il constitue même la seule chance de salut quant au sauvetage de SpaceX. D'autant plus que le contrat de la Nasa est juteux, pas moins d'un milliard et demi de dollars. Mais encore faut-il damer le pion aux autres concurrents de l'astronautique, à savoir Boeing et Lockheed.

1. Commercial Orbital Transportation Services (Service de transport commercial orbital).
2. Le dernier vol d'une navette spatiale aura en effet lieu trois ans plus tard, le 8 juillet 2011. Assuré par *Atlantis*, il constituera la cent trente-cinquième et dernière mission du *shuttle*. À n'en pas douter, l'accident de *Columbia* a précipité la fin de ce programme fabuleux commencé en avril 1981. Aux dernières nouvelles, la faute en reviendrait aux tuiles de protection thermique du *shuttle*. À un quart d'heure de l'atterrissage, *Columbia* aurait ainsi perdu un morceau de mousse isolante.

Hawthorne, ou le mariage réussi du spatial et du social

Pour remporter le défi du programme COTS, SpaceX dispose de nombreux atouts, à commencer par ses tarifs de lancement défiant toute concurrence. Pas plus de 60 millions de dollars par tir de fusée ! La raison : là où ses concurrents font appel à des fournisseurs extérieurs aux États-Unis, SpaceX fabrique tout le matériel dans sa nouvelle usine californienne à Hawthorne[1], située près de l'aéroport de Los Angeles. Des carénages des fusées aux capsules, des moteurs aux ordinateurs de bord en passant par les circuits intégrés, les détecteurs de vibrations et les panneaux solaires, tout est absolument monté sur place. C'est le principe de « la construction intégrée », pour reprendre l'expression d'Ashlee Vance dans son imposante et brillante biographie. Un bâtiment entièrement blanc, un espace non cloisonné où les salles de réunion, les bureaux et les zones de soudage et de construction sont séparées par de simples murs de verre transparents. On peut même y croiser des fusées déjà lancées ou encore les futurs lanceurs de SpaceX. Plus de 50 000 mètres carrés où se côtoient aussi bien des techniciens de base que des ingénieurs, des cols bleus sous pression que des cols blancs aguerris. Non seulement Elon Musk veut révolutionner la conquête de l'espace, mais il entend aussi proposer un nouvel espace de travail. Hawthorne, c'est avant tout le mariage réussi du spatial et du social.

Pour parfaire le tout, SpaceX propose de réutiliser ses lanceurs au moyen de la récupération des étages. Un voyage aller-retour, en quelque sorte. Fini la perte

1. En cette fin d'année 2008, l'atelier d'El Segundo a été abandonné, jugé trop exigu en raison de l'extension de la société SpaceX.

sèche des fusées, fini leur désintégration spectaculaire dans notre atmosphère. D'une certaine façon, SpaceX propose des fusées pourvues des atouts de la navette spatiale. Grâce à des inverseurs de poussée, les Falcon reviendront sur Terre, quitte à atterrir ou plutôt à amerrir sur une plate-forme nichée au milieu du Pacifique. C'est tout au moins la conviction profonde de Tom Mueller et de ses disciples.

SpaceX gagne la course à l'ISS

Le 23 décembre 2008, le verdict tombe. Malgré l'aversion de Michael Griffin[1] pour Elon Musk, SpaceX remporte l'appel d'offres. Le Petit Poucet californien dame ainsi le pion aux ogres de l'industrie spatiale que sont Boeing avec son lanceur Delta IV ou encore Lockheed Martin avec sa fusée Atlas V. D'un montant de 1,6 milliard de dollars, le contrat prévoit même qu'il pourrait aller jusqu'à 3 milliards en cas de réussite. C'est le cadeau de Noël de la Nasa, laquelle prévoit le lancement de douze vaisseaux-cargos d'une capacité de vingt tonnes d'ici l'année 2015[2].

Pour Elon Musk, alors en vacances au Colorado, cette victoire sur ses concurrents directs est du pain bénit[3]. En apprenant la nouvelle, l'inflexible patron de SpaceX ne peut cacher son émotion. Il éclate littéralement en sanglots et pense immédiatement à ses proches,

1. Le directeur de la Nasa, qui avait pourtant failli devenir un coéquipier d'Elon en 2002, n'appréciait guère les pratiques commerciales du leader de SpaceX.
2. Le contrat sera même prolongé par la suite jusqu'en 2024.
3. SpaceX partage le pactole avec une autre société privée spatiale, Orbital Sciences. Elle dispose elle aussi d'un lanceur Antares et d'un vaisseau-cargo, un Cygnus.

qu'il avait dû négliger en cette période de forte tension. « Je n'avais pas trouvé un instant pour acheter un cadeau de Noël pour Talulah ni rien d'autre[1]. » Ce contrat du programme COTS, c'est à la fois de l'argent qui tombe du ciel et ce qui va lui permettre de conquérir le ciel. Depuis des mois, il se débattait corps et âme pour trouver de nouveaux crédits et voici que la Providence lui sourit. Les années noires seraient-elles derrière lui ?

Pour mener à bien le ravitaillement de l'ISS, laquelle orbite à environ 400 kilomètres au-dessus de nos têtes, SpaceX compte sur deux vaisseaux révolutionnaires, le lanceur Falcon 9 et la capsule Dragon. Deux engins qui n'existent encore que sur le papier. Si la fusée est disponible dès la fin du printemps 2010, le cargo spatial de Musk nécessite en revanche beaucoup plus de temps et d'énergie pour voir le jour… Quatre bonnes années sont en effet nécessaires à SpaceX pour ravitailler l'ISS en bonne et due forme.

Falcon et Dragon, les deux piliers de SpaceX

Trois fois plus haute, deux fois plus large et dix fois plus massive que la Falcon 1[2], la nouvelle fusée sortie de l'atelier de Hawthorne est pourvue de neuf moteurs Merlin. Elle est théoriquement capable de placer une charge utile de près de vingt-trois tonnes en orbite basse et près de huit tonnes et demie en orbite de transfert géostationnaire. Rappelons-le, le projet à court terme de l'équipe d'Elon est de mettre en orbite des satellites

1. Ashlee Vance, *op. cit.*
2. En attendant le vol inaugural de la Falcon 9, le premier modèle Falcon 1 est toujours opérationnel. Le 13 juillet 2009, lors de son cinquième vol, le lanceur connaît un nouveau succès avec la mise en orbite d'un satellite malaisien, RazakSAT.

à des prix défiant toute concurrence[1]. Qui plus est, les étages des lanceurs de SpaceX, de fabrication à prix modéré, sont récupérables et donc réutilisables...

Dès le mois de novembre 2008, soit un mois avant de conclure le contrat historique avec la Nasa, SpaceX avait déjà réalisé et testé avec succès les neuf moteurs Merlin de la Falcon 9 sur une durée exceptionnelle de 178 secondes, soit le temps d'un tir réel. On pourrait alors croire que le vol historique vers l'ISS est une question de semaines. Mais il n'en est rien. Le chemin vers les étoiles est encore semé d'embûches, de contretemps et d'atermoiements. À plusieurs reprises, le compte à rebours est annulé et le vol carrément reporté, pour des raisons techniques liées en particulier aux difficultés d'allumage du premier étage. Pour voir la Falcon 9 se dresser sur le site légendaire de Cap Canaveral et décoller sans encombre jusqu'à l'espace circumterrestre, il faut encore attendre dix-huit longs mois. Entre-temps, la Nasa a investi plus de 350 millions de dollars dans le programme Falcon – autant dire que la pression est forte sur les épaules de Tom Mueller et de ses collègues.

Le 4 juin 2010, c'est chose faite. Assemblée dans sa totalité et frappée du sigle bleu de SpaceX, la fusée phare de l'entreprise privée californienne se dresse avec fierté sur son pas de tir. Parfaitement profilée, la structure en métal de la fusée est enserrée dans la trame d'un échafaudage léger sur lequel s'affairent les techniciens. Pour la circonstance, et dans l'éventualité d'un échec du vol, le cargo spatial de la fusée[2] baptisé Dragon a été remplacé par une maquette, ou, si l'on préfère,

---

1. Un seul lancement de Falcon 9 nécessite l'investissement de 60 millions de dollars, mais SpaceX compte diviser cette somme par trois d'ici le dixième vol.
2. À savoir la charge utile chargée de ravitailler plus tard l'ISS.

un prototype non opérationnel répondant au nom de *Dragon Spacecraft Qualification Unit.* À l'heure prévue en ce 4 juin, les moteurs s'allument, les quatre pattes de la table de lancement s'écartent, les fixations se libèrent et la fusée s'élève lentement dans le ciel de Floride. Exactement 155 secondes plus tard, comme le prévoit la théorie, deux des neuf moteurs s'éteignent pour limiter l'accélération. Encore vingt et une secondes et c'est la séparation des deux étages de la Falcon. Hourrah ! tout se passe comme sur des roulettes ! Au centre de contrôle, Elon Musk et ses camarades jubilent et se congratulent.

Le second étage se place comme prévu sur une orbite à peu près circulaire à 250 kilomètres avec une inclinaison de 34,5 degrés correspondant presque parfaitement à l'objectif fixé (moins de 1 % de différence). Victoire, la Falcon 9 vient de réussir son baptême de l'espace ! Seule entorse au programme, la perte du premier étage. Contrairement à ce qui était annoncé, il n'a pas pu être récupéré et s'est disloqué en heurtant l'océan. Mais ce n'est que partie remise.

Une fois n'est pas coutume, Elon réagit plus en philosophe qu'en chef d'entreprise inflexible ; il ne retient que la satellisation de sa fusée fétiche. En soi, c'est déjà un exploit. Pour la première fois dans l'histoire de la conquête spatiale, une entreprise commerciale privée a réussi à mettre en orbite un lanceur. Aussi les sujets de satisfaction l'emportent-ils largement sur l'amertume consécutive à l'échec de la récupération du premier étage. Si l'amerrissage a échoué, ses ingénieurs rectifieront le tir lors du prochain vol.

Dragon réussit son examen de passage

Le deuxième lancement de la Falcon 9 a lieu quelque six mois après la mise en orbite réussie du 4 juin. Nous sommes alors le mercredi 8 décembre 2010 et la tension est encore montée d'un cran au sein de l'équipe de SpaceX. Pour parfaire le tout, deux jours plus tôt, un technicien a laissé ouvert par mégarde un panneau du pas de tir donnant sur une salle souterraine. Résultat, tout le matériel informatique du centre de contrôle de SpaceX a été inondé après une pluie diluvienne. En réaction, l'équipe de Musk a dû réagir dans l'urgence et se lancer dans la plus totale improvisation. L'un des ingénieurs a même récupéré du matériel dans une vulgaire quincaillerie, où il s'était procuré une vingtaine de phares de voiturettes de golf. La veille du lancement, d'aucuns ont travaillé toute la nuit.

En ce petit matin du 8 octobre, c'est une équipe décomposée qui se prépare à un moment historique pour la conquête de l'espace. Manches retroussées, joues mal rasées et cravates de travers, ils ont l'air au bout du rouleau. Cette fois, les enjeux sont colossaux ; il ne s'agit plus d'une simple maquette, mais de la véritable capsule Dragon. D'une hauteur de sept mètres et d'une masse à vide de plus de quatre tonnes, le vaisseau en question peut acheminer six tonnes de fret vers la Station spatiale. Cela étant, au vu de la nature du lancement, un vol de simple démonstration, Dragon n'est pas chargé de colis de ravitaillement. En guise de simple « livraison », la capsule doit transporter une meule de fromage géante ; un détail croustillant rappelant le projet de « souris martiennes » formulé par Elon Musk au moment où il fréquentait assidûment les salons de la société de Robert Zubrin[1].

1. Voir chapitre 4, p. 55. Ce projet fantasque de Musk remonte à l'année 2001, à un moment où SpaceX n'avait pas encore vu le jour.

Meule de fromage ou non, il n'en demeure pas moins que la Falcon 9 décolle avec une précision de montre suisse. En cette journée du 8 décembre, à l'heure dite, le cargo Dragon se détache de la fusée et se place en orbite basse à un peu moins de 300 kilomètres d'altitude. Les communications sont alors testées depuis le centre de Cap Canaveral et des manœuvres de changement d'orbite et de contrôle d'orientation sont réalisées via les dix-huit petits moteurs-fusées Draco[1] qui équipent le cargo spatial. Sans le moindre accroc, le cargo dérive dans l'espace après avoir déployé ses deux panneaux solaires. On croit rêver. Après deux heures oniriques passées autour de la Terre, le Dragon effectue sa rentrée atmosphérique et amerrit tranquillement au milieu du Pacifique, à seulement 800 mètres de l'endroit prévu. C'est un succès total. En tout et pour tout, la démonstration spatiale a duré trois heures et vingt et une minutes. Mais l'histoire ne nous dit pas ce qu'il est advenu de la meule de fromage.

Pour marquer l'événement, les salariés de SpaceX fêtent Noël dès le 16 décembre à Hawthorne. La fête ? Pas tout à fait. Pendant près d'une heure, Musk sermonne Mueller et ses ingénieurs en raison d'un petit retard de calendrier sur la livraison de la future fusée Falcon. Contre toute attente, les jurons l'emportent largement sur les félicitations. La soirée tourne au cauchemar. « Les femmes des collaborateurs faisaient tapisserie non loin de là en attendant la fin de l'engueulade[2] », relate avec dépit un observateur extérieur.

---

1. Ces moteurs-fusées de faible puissance exercent une poussée de 400 newtons et utilisent des carburants hypergoliques, le méthylhydrazine et le peroxyde d'azote. Autant dire qu'ils s'enflamment spontanément lorsqu'ils entrent en contact.
2. Ashlee Vance, *op. cit.*

Et pourtant, l'ex-adolescent de Pretoria a toutes les raisons de se réjouir. À n'en pas douter, le défi de l'ISS est relevé ; le sommet de la montagne de la qualification pour le programme COTS se dessine sur l'horizon…

« Il semble que nous ayons attrapé un dragon par la queue »

« Houston, Station. Il semble que nous ayons attrapé un dragon par la queue. » Les propos sont de Don Pettit. L'astronaute de l'ISS vient de saisir la capsule Dragon avec le bras articulé de dix-huit mètres de longueur de la Station spatiale internationale. Nous sommes le 22 mai 2012[1]. Largement oubliée dans les annales de la conquête de l'espace, cette date est pourtant à graver en lettres d'or dans le grand livre des exploits technologiques de premier ordre. Pour la première fois depuis le vol de Spoutnik, une société privée réalise le premier amarrage d'un cargo ravitailleur à une station spatiale. Une aventure commencée trois jours plus tôt, sur le pas de tir SLC-40 du centre spatial Kennedy, une rampe de lancement louée par SpaceX…

Le 19 mai 2012, la fusée d'un blanc immaculé décolle en pleine nuit, peu avant 4 heures du matin. À son bord, le cargo Dragon, chargé cette fois d'un peu plus d'une demi-tonne de marchandises, de victuailles et de matériel d'expérimentation. Comme en décembre 2010, les manœuvres de changement d'orbite et de calcul de trajectoire se déroulent sans le moindre accroc. Pas un moteur-fusée ne tombe en panne et la mise en orbite du cargo se réalise selon les prévisions. Dans la nuit du 22 mai, à exactement 4 heures du matin, le véhicule

1. Depuis le vol de décembre 2010, le programme de la navette spatiale a été définitivement arrêté.

arrondi de SpaceX s'approche sans difficulté de l'ISS. Malgré l'apparente immobilité du Dragon et de la Station spatiale internationale, les deux vaisseaux orbitent à plus de 27 000 km/h. Autant dire que toute erreur d'approche serait catastrophique. En termes concrets, la manœuvre finale est assurée par des astronautes de l'ISS, au moyen du bras télécommandé Canadarm 2, lequel se positionne avec précision au-dessus de l'écoutille carrée[1] du Dragon. L'amarrage a lieu à 17 h 02 heure française, à la verticale du Nord-Ouest de l'Australie.

Quelques secondes plus tard, la capsule de SpaceX fait figure de véritable moule accrochée à son rocher. Un soulagement pour Musk, mais aussi pour les astronautes de la Station, qui attendaient avec impatience des vivres et du matériel neuf. Sur la terre ferme, dans le centre californien de Hawthorne comme à Cap Kennedy, l'amarrage réussi du Dragon avec l'ISS déclenche un tonnerre d'applaudissements…

Six jours plus tard, le 28 mai, ce même Dragon se détache de la Station orbitale et entame sa longue descente vers la Terre. Encore plus chargé qu'à l'aller, il transporte plus de 625 kilos de fret. Contrairement aux cargos de ravitaillement existants (l'ATV européen, le Progress russe et le HTV japonais), la capsule Dragon n'est pas prévue pour se désintégrer dans notre atmosphère à son retour. Censée être réutilisable, elle amerrit comme lors du test précédent dans l'océan Pacifique, à environ 900 kilomètres au large de la Californie. Dans les heures qui suivent, une petite flottille est dépêchée sur place par les hommes d'Elon pour récupérer l'engin. C'est encore un franc succès. Dorénavant, les ingénieurs

1. Une écoutille de 127 centimètres de côté au format CBM, le format standard exigé par la Nasa pour amarrer le cargo à l'ISS.

de SpaceX peuvent faire le signe de la victoire. Suite à ce deuxième vol de démonstration de leur capsule, ils sont définitivement qualifiés pour le programme COTS et font officiellement partie de la grande famille de la Nasa…

Les vols de qualification ayant été concluants, Elon Musk passe rapidement à la vitesse supérieure, la phase opérationnelle de la mission Falcon-Dragon.

Opérationnel !

Nous sommes au soir du 7 octobre 2012. Le premier vol commercial de Dragon vers l'ISS, c'est théoriquement pour le lendemain. Dressée comme lors de son précédent vol sur la rampe de lancement n° 40, la fusée Falcon 9 attend le feu vert du centre de contrôle pour décrocher la lune. Sous sa coiffe, le fret du Dragon s'élève désormais à 905 kilos. Pour couronner le tout, elle transporte un satellite Orbcomm d'une masse avoisinant les 150 kilos. À Hawthorne comme à Cap Kennedy, les ingénieurs et les techniciens de SpaceX sont fébriles. À commencer par Elon Musk, qui est d'une humeur exécrable. Et il a raison d'être inquiet. Le 8 octobre, peu après minuit et demi, la fusée Falcon prend son envol, mais à peine s'est-elle élevée dans l'atmosphère que les ennuis commencent. 79 secondes tout juste après le décollage, l'un des neuf moteurs Merlin de la Falcon cale. La raison ? Alors que la fusée dépasse les 1 500 km/h et les 18 kilomètres d'altitude, une brèche s'est ouverte dans la chambre de combustion et un jet de gaz brûlant a immédiatement sectionné le conduit de l'alimentation principale en ergol[1]. Nonobstant, le

1. Ses détails de l'incident ne seront connus que quelques mois plus tard, suite à l'investigation d'une commission lancée conjointement par SpaceX et la Nasa.

moteur n'a pas explosé et vaille que vaille, malgré l'endommagement de son carénage, la Falcon a poursuivi sa route en utilisant ses huit autres moteurs. À l'heure dite, le Dragon s'accroche à l'ISS et livre sa cargaison[1].

Le soulagement et surtout la joie se lisent désormais sur les visages des ingénieurs de SpaceX, restés crispés tout au long de la mission. Une satisfaction d'autant plus grande que l'équipe d'Elon Musk a vraiment frôlé le désastre. Elle a ainsi démontré à la Nasa sa compétence et sa réactivité face à un imprévu. Au bout du compte, la seule entorse à la mission fut l'absence de mise en orbite du prototype Orbcomm, la défaillance d'un moteur n'ayant pas permis d'allumer le second étage de la fusée. Au terme de quatre jours de dérive dans l'espace, le satellite est ensuite retombé sur Terre après s'être désintégré dans l'atmosphère. Pour cette première mission commerciale, on peut donc parler d'« échec réussi », à l'instar du sauvetage de l'équipage d'Apollo 13 en 1970, toutes proportions gardées.

Maîtriser l'océan pour gagner l'espace

Le 28 octobre 2012, soit vingt jours après son amarrage en douceur avec l'ISS, le cargo spatial Dragon quitte la Station internationale avec un nouveau fret, pénètre sans difficulté dans notre atmosphère et amerrit au large des côtes californiennes. Il est récupéré par les hommes de SpaceX sans le moindre dégât. Mais Musk ne peut s'empêcher de maugréer. Pour « l'homme qui voyage dans le futur », il est impératif que son vaisseau Dragon amerrisse sur une plate-forme océanique. Cela

1. Soit 120 kg de fournitures pour l'équipage, 180 kg de matériaux pour les expériences en apesanteur, et 105 kg d'équipements pour la station elle-même.

se soldera par un gain de temps, de productivité et de crédibilité.

Dans l'année qui suit la réussite opérationnelle de la capsule Dragon, l'obsession des ingénieurs de SpaceX n'est donc plus l'amarrage avec l'ISS, mais l'amerrissage dans l'océan Pacifique. On pourrait même parler d'appontage. Lors des premiers essais, les parachutes s'étaient mal déployés et le premier étage de la fusée avait sombré dans la mer. Désormais, Elon abandonne les parachutes et opte pour une récupération propulsive, avec une phase de freinage particulièrement délicate.

« *On a prouvé que ça pouvait marcher* »

L'amerrissage en douceur sur une plate-forme autonome va en fait nécessiter de longs mois de labeur. Pas moins de trois ans et demi, pour être précis. Entre-temps, Elon Musk doit slalomer en permanence entre SpaceX et le siège de Tesla, lequel est situé dans la Silicon Valley. Sa dernière version de voiture électrique, la Model S[1], accapare une grande partie de son énergie. Elon a la ferme volonté d'en faire l'équivalent automobile de l'iPhone.

Toujours stressé et toujours pressé, Musk débarque régulièrement dans son atelier à Hawthorne en donnant ses « coups de gueule légendaires », vitupérant en général contre les cadences de ses salariés, jugées trop molles. « Il en va de notre avenir à tous », répète-t-il. « Il blasphème comme un matelot, même en présence de femmes et d'enfants », s'indigne un certain Currie, gentleman sudiste de son état.

1. Voir chapitre 13, p. 185.

De septembre 2013 à décembre 2015, une bonne dizaine de lancements sont opérés pour mettre au point un appontage parfait du premier étage sur une barge au milieu de l'océan. Pour mener à bien les opérations, une structure flottante de quatre-vingt-dix mètres sur cinquante a été construite.

Le travail d'appontage sur une surface relativement exiguë est toutefois loin d'être une sinécure. À chaque fois, un petit hiatus fait capoter la mission. Trop lente ou trop rapide, la fusée donne bien du fil à retordre à ses concepteurs. Quand ce n'est pas la météo capricieuse qui déchaîne la mer, c'est une panne de radar, une valve défaillante ou encore un manque de liquide hydraulique actionnant les ailerons des stabilisateurs qui fait échouer l'amerrissage dans les toutes dernières secondes. Lors de la tentative du 14 avril 2015, deux des quatre jambes déployables de la fusée se sont ainsi rompues au moment de l'appontage, ce qui a eu pour effet de la faire basculer sur la barge puis de la faire exploser. Le scénario est sensiblement toujours le même. Une fois séparé du deuxième étage, à environ 130 kilomètres d'altitude, le premier étage entame sa rentrée dans l'atmosphère, allume ses rétrofusées à deux reprises afin de freiner sa descente, en particulier quand sa vitesse ne dépasse pas quelques centaines de mètres par seconde.

Le moment tant attendu survient lors du test du 8 avril 2016[1]. C'est la sixième tentative de l'entreprise SpaceX pour réaliser l'amerrissage parfait. Ce jour-là, le booster se pose avec précision sur une barge océanique

1. En n'oubliant l'exploit du 21 décembre 2015. Ce jour-là, le booster de SpaceX revient et atterrit sur un ancien pas de tir de Cap Kennedy, lequel a été rebaptisé Landing Zone 1.

autonome baptisée *Of Course I Still Love You*[1], seulement dix minutes après avoir décollé de Cap Kennedy. Quatre ans après l'amarrage du Dragon à l'ISS, la volonté opiniâtre d'Elon Musk de décrocher le jackpot a été une nouvelle fois récompensée. « On a prouvé que ça pouvait marcher », s'enthousiasme-t-il lors d'une conférence de presse. Et Musk d'insister devant un parterre de journalistes sur la réduction considérable des coûts des vols spatiaux que pourrait entraîner la réutilisation des fusées.

Même la Maison-Blanche s'émeut de cet exploit. « Félicitations à SpaceX pour avoir posé une fusée en mer. C'est grâce à des innovateurs comme vous et la Nasa que l'Amérique continue à dominer l'exploration spatiale », écrit le président Barack Obama aux concepteurs de la Falcon 9. Et l'année qui vient de conforter Elon Musk dans ses convictions. Car dès le 30 mars 2017, à la faveur de la mission spatiale SES-10, SpaceX réutilise pour la première fois un premier étage ayant précédemment été utilisé pour propulser sur son orbite le vaisseau-cargo Dragon. Là encore, le booster principal revient sur Terre en se posant avec douceur sur la barge océanique *Of Course I Still Love You*. D'ores et déjà, les ambitions d'Elon Musk ne sont plus circonscrites au seul ensemble circumterrestre. Avec ses derniers succès, « l'homme qui voyage dans le futur » ne cache plus son grand fantasme : faire marcher des hommes et des femmes par centaines sur Mars avant la fin de la prochaine décennie. En d'autres termes, faire de la planète rouge la Terre du troisième millénaire…

---

1. La structure flottante fait 90 mètres sur 50. *Of Course I Still Love You* est équipée de moteurs de propulseur diesel Azimut de 4 × 300 ch montés à chaque coin du pont d'atterrissage.

Troisième partie

Objectif Mars

(2017-2021)

« On n'enferme pas un rêve, même s'il est fou. »

(Grégoire Lacroix)

Les pieds sur Terre et la tête dans les étoiles, Elon Musk est obsédé par la planète rouge. Dès le 29 septembre 2017, avant même le vol de la Falcon Heavy, il avait annoncé son intention de construire une fusée géante de 122 mètres de hauteur, la Big Falcon Rocket, un vaisseau spatial capable d'expédier des hommes sur Mars. Défenseur de l'ère du voyage dans l'espace version « low cost », Musk juge que le prix du billet pour Mars coûtera moins d'un demi-million de dollars, et pourrait même descendre sous les 100 000 dollars. À long terme, le milliardaire envisage de coloniser la planète rouge…

8

IL ÉTAIT UNE FOIS LA PLANÈTE MARS

Le 4 juillet 1997, jour anniversaire de la fête de l'Indépendance américaine, l'Amérique s'offre Mars. Sous la forme d'un petit jouet à six roues de 65 centimètres de long, le robot baptisé *Sojourner* roule au fond de la vallée d'Ares, un endroit situé à quelque 800 kilomètres au sud-est du site exploré autrefois par *Viking 1*. D'emblée, le paysage sillonné par *Sojourner* captive les scientifiques américains. À n'en pas douter, cette vallée lisse et sans obstacles topographiques majeurs semble être le lit d'un ancien fleuve. On y remarque très nettement des traces d'écoulement témoignant d'un passé beaucoup plus tumultueux. La planète rouge serait-elle une ancienne planète bleue qui aurait mal tourné ? Pour notre Elon Musk en mal de Terre nouvelle et de défis hors normes, notre voisine de palier planétaire est le théâtre rêvé pour exaucer ses vœux les plus chers : fonder une humanité multiplanétaire.

1976, l'an 1 de l'exploration martienne…

20 juillet 1976. Dans l'atmosphère ténue de Mars, un engin volant d'aspect discoïdal pourfend le ciel saumon de la planète rouge. Son origine extramartienne ne fait aucun doute. Aucun pilote ne le dirige, car l'appareil est directement guidé depuis la Terre. Il s'agit de la sonde

Viking 1. Son objectif final est de se poser sur Mars. Des jours durant, l'orbiteur a cherché le site idéal pour réussir un « amarsissage » parfait. Le lieu choisi ne devait être « ni trop haut, ni trop venté, ni trop pentu, ni trop rocailleux, ni trop poussiéreux… »

À la vitesse de 4 km/s, le vaisseau de la Nasa pénètre sans le moindre dommage dans l'atmosphère martienne, protégé par des boucliers thermiques. Soudain, à 6 000 mètres d'altitude, un parachute s'ouvre. D'une envergure de dix-huit mètres, il est parfaitement adapté à la très faible pression de la planète visitée. À 1 200 mètres, un système de rétrofusées prend le relais. Au grand soulagement des techniciens de Pasadena, *Viking 1* se pose en douceur dans la plaine de Chryse Planitia, par 22 degrés de latitude nord… et seulement à quelques mètres d'un gros rocher qui aurait pu compromettre la mission si la sonde l'avait heurté. Laquelle sonde ressemble vaguement à un gros insecte dépourvu d'ailes.

La descente de l'intrus terrestre a duré treize longues minutes. À Pasadena, c'est l'explosion de joie. D'ici quelques minutes, les premières images de la planète mythique traverseront les dizaines de millions de kilomètres qui nous séparent de Mars pour nous révéler son véritable visage.

Viking 1 n'est pas seulement le premier ambassadeur de la Terre envoyé sur Mars, il est aussi un véritable laboratoire d'analyse chimique et biologique capable de détecter la vie sur la planète rouge. Une fois parvenue au sol, la sonde ne découvre aucune cité futuriste, aucune forêt luxuriante, pas même la trace d'un cours d'eau ou d'une empreinte de pas, mais un paysage rocailleux et aride ressemblant vaguement à un désert de l'Arizona qui aurait été dépourvu de ses arbustes et de ses cactus…

Mars, une Terre de l'avenir…

Un Antarctique aux couleurs de rouille balayé par des vents de 400 km/h, un paysage grêlé de cratères côtoyant des canyons aux dimensions pharaoniques, des volcans hauts comme trois fois l'Everest, ainsi apparaît Mars, miroir du passé et peut-être de l'avenir de la Terre…

Mars, c'est avant tout une « magnifique désolation » couvrant toute la planète ; une boule rougeâtre deux fois plus petite que notre globe, où règne un froid sibérien pendant toute l'année. Pas de quoi y implanter un futur Club Med. Le ciel lui-même de cet astre ratatiné est déroutant. De couleur brun orangé, et complètement saturé d'oxyde de carbone, il est éclairé par un Soleil deux fois plus petit que le nôtre, et la Terre est à peine perceptible au-dessus de l'horizon, brillant comme une simple étoile. Quant à la Lune, elle a complètement disparu du paysage céleste. Et pourtant, malgré cette description apocalyptique, Mars a toujours fait fantasmer l'humanité en quête de nouvelles îles cosmiques, à commencer par Elon Musk ; non en raison de ses paramètres physiques, mais parce qu'il s'agit de la seule planète « fréquentable » dans notre environnement spatial immédiat. À seul titre de comparaison, Vénus, pourtant encore plus proche de nous que Mars, est un véritable enfer où la température et la pression excessives interdisent toute forme de séjour. Des métaux comme le fer et le plomb y fondraient et nous serions littéralement écrasés si nous pouvions miraculeusement survivre à la température dépassant allégrement les 400 °C…

Viking et Sojourner, premiers ambassadeurs terrestres sur la planète rouge

Avant l'an 2000, à deux reprises, en 1976 et 1997, les Terriens découvrent des photos inédites de Mars.

Après l'exploit des *Viking* vingt et un ans plus tôt, la sonde *Pathfinder* leur retransmet de nouveau un paysage rouillé et caillouteux sur fond de ciel rose. À une différence près, au contraire des *Viking*, le robot de 1997 peut rouler sur Mars grâce à six petites roues motrices de treize centimètres de diamètre. Ressemblant vaguement à un jouet d'enfant, le dernier bijou de la Nasa n'excède pas 30 centimètres de hauteur pour une longueur de 65 centimètres. Se déplaçant à raison de 24 mètres par heure, le robot *Sojourner* peut gravir des pentes à 45 degrés.

D'emblée, sur la ligne d'horizon, on devine deux petites collines. Surnommées les Twin Peaks (les pics jumeaux), elles culminent difficilement à 31 et 35 mètres d'altitude. Aux dires des scientifiques, ces reliefs auraient été autrefois érodés par des coulées de boue filant à plus de 30 km/h sur une épaisseur d'une vingtaine de mètres. Preuve de ce passé aquatique de Mars, le robot mobile *Sojourner* filme de petits galets arrondis, probablement façonnés par l'eau.

Mars avait tout pour embrasser une carrière de planète bleue, mais elle a franchement mal tourné…

Une planète autrefois bleue comme l'azur

Des canaux de Lowell à la « guerre des mondes » de Wells, en passant par l'épopée des sondes *Mariner*, les hommes n'ont cessé d'imaginer le sol martien. En juillet 1976, la mission *Viking* a déjà levé un premier voile sur la désolation de notre voisine. Aucune chute digne de celles du Niagara, aucun torrent indompté dévalant des pentes abruptes, Mars n'est autre qu'un vaste désert coloré par l'oxyde de fer dont l'atmosphère est traversée par les rayons timides du Soleil. À l'instar de l'enthousiasme soulevé par l'arrivée des sondes *Viking* en 1976, les scientifiques exultent à la vue des images expédiées par le robot *Sojourner* en ce 4 juillet 1997. Car ce paysage stérile et aride serait le témoin d'une prospérité révolue. La vallée d'Ares est le delta d'un ancien fleuve. La surface de Mars est sillonnée par des dizaines de vallées et de bassins d'écoulement. D'une certaine façon, Mars a gardé la mémoire de l'eau. La Sibérie martienne de 1997 serait le vestige d'une très lointaine Amazonie où le débit de certains fleuves aurait fait pâlir le champion du Brésil. Pourquoi cette eau a-t-elle disparu ? Pour comprendre le phénomène, il nous faut remonter le cours du temps, il y a 4,5 milliards d'années…

Une Terre qui a mal tourné…

Deux fois moins large et dix fois moins lourd que la Terre, ce « petit » bolide rouge fonce à plus de 86 000 km/h autour de notre étoile. Au même titre que ses cousines telluriques, Mars est une masse de fer et de silicate dont la formation remonte aux origines de la nébuleuse primitive qui a donné naissance au Soleil et à son cortège de planètes. C'est alors la guerre des mondes. Pluies de météores et escadrilles de comètes sont le lot quotidien des premiers jours martiens. Tout comme la Terre et Vénus, la planète rouge s'est formée à force de collisions de matière et d'accumulations de poussières. Par la suite, le volcanisme a façonné leur sol et modifié la composition de leur atmosphère. À leurs débuts, rien ne distingue les trois mondes, nés dans les régions chaudes du système solaire. Ils ont été logés à la même enseigne et appartiennent à la même famille : celle des telluriques. Ils se distinguent radicalement du monde des planètes géantes, situées bien au-delà de l'orbite martienne, telles que Jupiter et Saturne. Ces dernières sont d'immenses sphères gazeuses qui ont cette singulière propriété de diffuser plus d'énergie qu'elles n'en reçoivent du Soleil.

Pendant le premier milliard d'années, les trois planètes connaissent le même destin. La longue saison des pluies qui suit la période du bombardement météoritique les pourvoit d'océans. On sait ce qu'il advient de Vénus. En apparence, celle-ci ressemble à s'y méprendre à la Terre ; en réalité, dissimulée derrière son épaisse couche de nuages, elle fait office de véritable four cosmique. Il en va tout autrement pour Mars, deux fois plus éloignée de notre étoile mère que Vénus. La planète rouge présente même beaucoup de similitudes avec la Terre. On en veut pour preuve une durée de rotation presque identique et l'existence de saisons. Mais là s'arrête la comparaison. Située à plus de 75 millions de kilomètres au-delà de l'orbite terrestre, Mars enregistre des températures bien inférieures à zéro degré. La dernière pluie remonte à plus de trois milliards d'années. En raison de son faible gabarit et surtout de l'absence de dérive des continents, Mars ne peut rivaliser très longtemps avec la Terre. La planète rouge est une grande victime du froid.

L'évolution de Mars s'arrête dès son enfance. Autrefois dense et chaude, l'atmosphère martienne se raréfie au fil des millions d'années. Elle est désormais transparente et presque inexistante. L'une des grandes raisons du refroidissement de la planète est la disparition du gaz carbonique. Même s'il est l'élément prédominant de son atmosphère, cette dernière est toutefois infiniment ténue. Ce gaz carbonique a une fâcheuse habitude : celle de s'incruster dans le sol pour former du calcaire. Sur Terre, pas de problème. Le sol est continuellement renouvelé, grâce à la dérive des continents. Tectonique des plaques oblige, les dépôts sédimentaires enfermant le carbonate sont emportés dans les entrailles de notre planète. En son cœur, le carbone est recyclé, et libéré ensuite dans l'atmosphère par l'éruption des volcans. La surface de Mars est au contraire immuable, statique, sans vie. La tectonique des plaques relève pour elle de la fiction. Et pour cause, sa croûte est faite d'un seul bloc. Seul lieu de consolation : ses volcans.

Des volcans hauts comme trois fois l'Everest

Ce sont les plus élevés du système solaire comme en témoigne l'Olympus Mons, avec ses 27 kilomètres d'altitude et une base qui couvrirait la moitié de la France. La faible gravité de Mars est une explication de cette démesure verticale. Les dépôts de calcaire ont donc refusé obstinément la séance de recyclage. La couche de gaz carbonique s'est rétrécie comme une peau de chagrin. En son absence, les rayons du Soleil ont eu la vie belle. Ils ont pu rebondir sur la planète sans craindre l'effet de serre. La chaleur s'est alors dissipée dans l'espace. Sans couche d'ozone, dénudée, refroidie, Mars ne peut faire jeu égal avec la Terre. Avec une masse équivalente, la partie aurait été plus équilibrée. Hélas, Mars est trop petite pour ambitionner une carrière de planète bleue. Sa gravité est tellement faible que nos champions de saut en hauteur dépasseraient allégrement les quatre mètres. Qu'est donc devenue l'eau martienne ? Une partie se serait évadée dans l'espace, l'autre se serait figée dans les calottes glaciaires. D'aucuns pensent qu'elle serait restée prisonnière du sous-sol martien, gelé par –50 °C. Dès lors, on se prête à rêver à la vie…

Pendant 300 millions d'années, Mars a donc eu la même physionomie que son homologue terrestre. Entre –4,1 et –3,8 milliards d'années, des lacs et des fleuves aux débits prodigieux coulaient à sa surface. Ce laps de temps pourrait être suffisant pour qu'une chimie du vivant ait pu éclore et se développer. Si le refroidissement de la planète a été progressif, peut-on, dès lors, envisager les premières étapes du processus de la vie ? Sur Terre, du fait de la tectonique des plaques, l'activité biologique des premiers temps a été complètement effacée. Une seule certitude : quand les mers ont disparu de la surface de Mars, la vie terrestre n'existait qu'au stade embryonnaire. Les micro-organismes et les êtres unicellulaires représentaient la forme la plus évoluée de la chimie du vivant. Où chercher la vie sur Mars, et à quoi ressemblerait-elle ? Est-ce une vie microscopique fondée sur la photosynthèse, c'est-à-dire la lumière, ou sont-ce des micro-organismes nés de la chimiosynthèse dans la nuit des profondeurs ?

À la recherche d'une vie sur Mars… sur Terre

En partant du principe que toute vie organique assimile, pour se nourrir, soit du carbone, soit des acides aminés, les sondes *Viking* avaient analysé des échantillons du sol martien en espérant que ceux-ci absorberaient les substances apportées de la Terre. Il n'en a rien été. Au cours de l'été 1997, *Pathfinder* se doit de répondre à une question cruciale : la vie martienne a-t-elle pu survivre à la disparition de l'eau en surface ? Rien ne nous autorise à nier cette possibilité. La vie terrestre s'est parfois développée dans des conditions inhospitalières. On en veut pour preuves les vallées sèches de l'Antarctique, qui ne connaissent ni neige ni pluie. Il s'agit de lacs souterrains qu'une couverture de glace empêche de geler. Au cœur de ces lacs, des milliers de micro-organismes et d'organismes planctoniques se nichent dans les roches rouges. Autre surprise de taille au chapitre des singularités terrestres : à 2 500 mètres au fond des mers, près des sources géothermales. À de telles profondeurs, la lumière est absente, et la pression digne de l'enfer vénusien. Vingt ans avant l'arrivée de *Pathfinder* sur Mars, une expédition sous-marine est tombée nez à nez avec une étonnante faune abyssale. Celle-ci se nourrit de soufre puisé directement à la source hydrothermale. Moules géantes, crustacés jaunes, araignées aveugles et autres maîtres du royaume de l'obscurité : un monde hors du monde. L'existence de telles sources hydrothermales n'est pas à exclure sur Mars, notamment à proximité des grands volcans. Les premiers explorateurs de la planète rouge seront vraisemblablement des spéléologues.

L'histoire de notre monde nous a appris que la vie prend des raccourcis, saute des obstacles, pour se réadapter sans cesse. Dans les années qui suivent, les robots américains *Spirit*, *Opportunity* et *Curiosity* vont conforter l'hypothèse du passé bleu de la planète rouge. À n'en pas douter, et c'est la conviction la plus profonde du futur fondateur de SpaceX, nous n'en sommes encore qu'à la préhistoire de l'exploration de Mars.

Conviction muskienne : notre futur sera martien ou ne sera pas…

9

La conquête commence

« Nous irons sur la Lune, nous aurons une base sur Mars, nous enverrons des gens sur Mars et créerons de la vie multiplanétaire. »

(Elon Musk, août 2020)

Le premier épisode de la conquête martienne s'est peut-être écrit le 6 février 2018. Ce jour-là, une fusée de plus de 1 400 tonnes s'est arrachée du fameux pas de tir 39 de Cap Kennedy. Ce vol inaugural est une réussite totale. Répondant au nom de Falcon Heavy, la grande vedette du jour est une fusée révolutionnaire dont les propulseurs sont réutilisables, conçue par la société privée SpaceX.

2017, l'année où Musk a regardé vers la planète rouge

Souvenons-nous, au tout début de son périple américain, en 2001, Elon a créé la société Life to Mars Foundation. Son but ultime est alors de transformer les humains en colons de l'espace. En août 2012, lors de la 15e conférence annuelle internationale de la Mars Society, Elon Musk se voit décerner le Mars Pioneer Award. La cérémonie a lieu à Pasadena, une cité californienne entièrement tournée vers l'industrie spatiale.

Depuis l'année 2002, date de la fondation de la société SpaceX, Elon Musk révolutionne littéralement le transport spatial. En février 2014, lors de sa visite en Californie, François Hollande mesure toute la détermination de l'étoile montante de la Silicon Valley. Au président français qui ironise dans un anglais approximatif sur ses ambitions interplanétaires, Elon assène : « Vos lanceurs européens sont trop chers, je vais réduire les coûts et inventer les fusées réutilisables pour aller sur la Lune et sur Mars. »

Pariant sur le « low cost » et son corollaire, le véhicule spatial réutilisable, SpaceX multiplie les succès depuis plus de dix ans. Sans compter l'amarrage de son vaisseau Dragon à l'ISS en mai 2012, rappelons-le, la société privée a déjà réalisé une grande première mondiale quatre ans plus tard, en avril 2016[1], en faisant revenir sur Terre le premier étage de sa fusée Falcon 9 après un vol de onze minutes. Mieux encore, en mars 2017, la société d'Elon Musk a aussi réutilisé ce même premier étage pour expédier dans l'espace un nouveau vaisseau, inaugurant ainsi l'ère du « spatial low cost ». Désormais, le milliardaire voit plus loin et plus haut. Dès la fin de l'année 2017, Musk annonce son intention d'expédier des hommes vers Mars. Cent ans après la révolution bolchevique de Lénine en Russie, le monde voit toujours « rouge », mais cette fois, la révolution est technologique et spatiale. Le rouge n'est plus celui du drapeau de l'Union soviétique, mais celui du sol de la planète Mars, une étape majeure dans l'histoire de l'humanité, aux conséquences multiples, à la fois d'ordre économique, culturel et politique.

La première étape de sa conquête de la planète rouge s'écrit en février 2018, avec le lancement de la Falcon

1. Voir deuxième partie, p. 53.

Heavy. Pour ce test historique, Elon Musk se permet même une fantaisie. Le lanceur doit en effet transporter un objet singulier : la voiture électrique du milliardaire, à savoir un Roadster Tesla rouge décapotable dont l'autoradio jouera la chanson « Space Oddity » de David Bowie durant la manœuvre. Conduite par un mannequin déguisé en astronaute, elle mettra le cap vers Mars. Aux dernières nouvelles, son périple à travers le système solaire devrait durer des millions d'années avant qu'elle n'échoue sur une planète quelconque. À moins qu'elle ne soit récupérée par des aliens en mal d'objets terrestres inédits…

Le futur a commencé un certain 6 février

En ce mardi 6 février 2018, c'est l'ambiance des grands jours à Cap Kennedy. Une fusée imposante de plus de 1 400 tonnes, de 70 mètres de hauteur, de 11 mètres de diamètre et d'une capacité de transport de 64 tonnes de matériel s'apprête à décoller du pas de tir 39, à l'endroit même où la légendaire Saturn V d'Apollo 11 était partie pour la Lune. Constituée de trois fusées Falcon 9 assemblées les unes aux autres, la Falcon Heavy est impressionnante. Il s'agit du troisième lanceur le plus puissant jamais construit, après Saturn V et la fusée soviétique Energiya[1]. Mais à la différence du lanceur géant américain de 1969, le vaisseau « privé » de 2018 est inhabité, et il est surtout réutilisable.

À 15 h 46 heure locale (20 h 46 UTC), c'est chose faite. La fusée de SpaceX s'élève dans les airs sans le moindre accroc. Alimentés par un mélange de kérosène et d'oxygène liquide, les vingt-sept moteurs Merlin[2] exercent

1. Un projet mort-né. Le vaisseau soviétique n'a volé que deux fois, le 15 mai 1987 et le 15 novembre 1988.

2. Ce moteur-fusée à ergols liquides brûle de l'oxygène liquide et du RP-1 (une variante du kérosène), qui constitue le mélange le

une poussée de 22 800 kilonewtons[1] qui propulse la fusée jusqu'à une vitesse de 6 900 km/h. Ainsi qu'il était prévu, les deux propulseurs d'appoint, après leur largage à une altitude de 60 kilomètres, reviennent se poser comme il se doit sur leurs plates-formes respectives à Cap Kennedy tout juste huit minutes et vingt secondes après le décollage de la Falcon Heavy. Il n'en est pas de même pour le propulseur central. Détaché du reste de la fusée à 90 kilomètres d'altitude, ce dernier devait revenir se poser sur une barge autonome de l'océan Atlantique à quelque 350 kilomètres au large des côtes de Floride. Malheureusement, la manœuvre échoue. Le propulseur percute la surface de l'océan à plusieurs centaines de mètres de la barge en question, à près de 500 km/h.

La non-récupération du troisième propulseur de la fusée ne ternit en rien le succès de la mission[2]. Bien au contraire. Elon Musk voit désormais plus loin. Il ne jure plus que par la BFR, la Big Falcon Rocket. Présentée dès l'automne 2017 par Elon Musk, elle devrait transporter une centaine de personnes sur Mars dès son premier vol.

---

plus utilisé par les moteurs développés récemment. Le Merlin a une poussée qui est passée, au fil des tests, de 32 tonnes pour la version 1A de 2006 à 93 tonnes pour la version DV+ produite à partir de 2016. Le circuit d'alimentation repose sur une turbopompe unique alimentée par un générateur à gaz. La pression dans la chambre de combustion atteint 110 bars, ce qui permet d'obtenir une impulsion spécifique de 348 secondes pour la version fonctionnant dans le vide.

1. En comparaison, la fusée Saturn V développait une poussée de 34 000 kilonewtons. C'est toutefois beaucoup plus que les lanceurs classiques de la Nasa.

2. On avait aussi assigné pour mission à ce vol inaugural de placer une charge en orbite géostationnaire, une exigence des militaires américains et du National Reconnaissance Office (NRO).

10

Starship, premier vaisseau du futur ?

« Mars commence à devenir crédible. »

(Elon Musk, 5 août 2020)

Printemps 2018. Un projet pharaonique pour conquérir Mars. D'une hauteur de 122 mètres, d'une poussée de 54 000 kilonewtons et d'une masse de plus de 10 500 tonnes, la BFR doit être trois fois plus lourde que la légendaire Saturn V, assurément la plus colossale fusée jamais lancée par l'homme, si le projet aboutit. La capacité d'emport en orbite basse autour de la Terre devait atteindre 150 tonnes, soit bien plus que les 120 tonnes de la fusée lunaire Saturn V des missions Apollo. À titre de comparaison, Ariane 5 et Falcon 9 de SpaceX ne peuvent envoyer aujourd'hui en orbite qu'une vingtaine de tonnes. Et pour continuer dans la lancée de Falcon 9, Elon Musk compte réutiliser tous les éléments de la BFR pour réduire les coûts. Pour parfaire le tout, le grand vaisseau muskien est théoriquement capable de transporter une centaine de passagers sur Mars ou à défaut sur la Lune. « J'ai assez bon espoir qu'on pourra achever le vaisseau et le lancer dans cinq ans environ », prédit Musk.

Un homme sur Mars dès 2025 ?

Après la réussite du lancement de la Falcon Heavy en février 2018, Elon Musk voit grand. Son objectif à court terme est qu'au moins deux engins-cargos puissent atterrir sur Mars en 2024, avec pour mission principale de trouver la meilleure source d'eau possible. Ces vaisseaux transporteraient les infrastructures suffisantes pour assurer la survie sur Mars, avant que des humains n'y soient convoyés dès 2025. Des plans qui paraissent fous, tant ils prennent de vitesse les agences spatiales nationales, comme la Nasa ou l'ESA, qui n'ont pas de plans programmés pour envoyer des hommes sur Mars, ou même sur la Lune. La prudence est vraiment de mise, puisqu'en moyenne, SpaceX a trois ans de retard sur les plannings annoncés…

De la BFR au Starship ou quand l'acier détrône le carbone

Dès le mois de novembre 2018, Elon Musk change ses plans martiens. À commencer par le nom de sa prochaine fusée cyclopéenne. Baptisé initialement « BFR » (« Big Falcon Rocket », parfois surnommé « Big Fucking Rocket »), le propulseur est renommé « Super Heavy » et l'étage sobrement dénommé « Starship ».

À la différence de la Falcon Heavy, le prochain lanceur ne devrait être doté que d'un seul propulseur. D'une hauteur de 58 mètres, celui-ci disposerait de trente et un nouveaux moteurs Raptor capables de mettre en orbite plus de 150 tonnes de charge. Une performance qui dépasse de vingt tonnes les capacités de la légendaire Saturn V. Et ce n'est pas fini ! Au-dessus de ce propulseur hors normes devrait figurer une navette réutilisable de 48 mètres de hauteur, un engin révolutionnaire capable de transporter une centaine de personnes. Pour atteindre la planète Mars dans les meilleures conditions, quarante cabines seront à disposition de l'équipage. Du jamais vu dans l'espace !

À l'origine, notre milliardaire patenté avait conceptualisé une fusée gigantesque de 122 mètres de hauteur baptisée « ITS » qui consistait en un premier étage équipé de quarante-deux propulseurs capables de transporter une centaine de personnes dans l'espace. Mais Musk a révisé ses ambitions à la baisse ; le vaisseau martien ITS devait rester à jamais à l'état de projet. Baptisée « Starship » par Elon Musk, cette navette devrait théoriquement débarquer ses premiers colons dès 2025. En lieu et place de la fibre de carbone, l'engin spatial dernier cri est fabriqué à partir d'un alliage d'acier inoxydable et de tuiles en céramique pour les parties les plus exposées à la chaleur lors de la délicate pénétration dans l'atmosphère. Musk justifie son choix par le fait que l'acier résiste mieux aux conditions cryogéniques au moment du remplissage du réservoir par l'oxygène et le méthane liquides, puis à la chaleur intense lors du retour sur Terre de la capsule[1]. Selon Elon Musk, ce matériau est certes très lourd, mais il bénéficie de propriétés physiques très intéressantes, comme la résistance à des températures extrêmes. Il ne se brise pas face au froid interplanétaire et ne fond qu'à partir de 1 500 °C. Par ailleurs, il est bon marché. « Une tonne de fibre de carbone coûte 130 000 dollars.

1. Un problème de protection thermique qui a coûté cher à la Nasa au moment de la rentrée atmosphère de la navette *Columbia* en février 2003. Cet accident a même hypothéqué à long terme le programme de la navette spatiale.

Une tonne d'acier revient à 2500 dollars », a-t-il dit lors de la présentation, selon Ars Technica[1].

Notre but à long terme est de « voyager dans l'espace comme l'on voyage dans les airs », déclare avec emphase l'homme de Pretoria, dont l'objectif pharaonique est de pouvoir « transporter des humains jusqu'à la Lune, Mars et même au-delà, dans les environnements planétaires de Jupiter et de Saturne. D'ici quelques années, le Starship en question sera capable de transporter une centaine de personnes en un seul vol sur la planète rouge. « Nous sommes vraiment tout près de rendre cela physiquement possible », ajoute catégoriquement Elon Musk lors d'une conférence en plein air faite au pied d'un prototype. La folie des grandeurs commence à le gagner. Marcher sur Mars avant le premier tiers de ce siècle, arpenter pour la première fois le sol d'une autre planète, nichée à quelques dizaines de millions de kilomètres de la nôtre, c'est l'obsession de Musk depuis la création de sa société SpaceX.

Depuis maintenant près de dix ans, Elon Musk fait reposer tous ses espoirs d'exploration spatiale sur un petit site texan, Boca Chica. Ce coin perdu, baigné par le golfe du Mexique et situé à environ une trentaine de kilomètres de l'aéroport international de Brownsville, devrait devenir le premier port spatial commercial du monde avant la fin des années 2020. Dès l'année 2012, Elon a acheté discrètement quelques arpents de terre avant de les convertir en futur emplacement de son

1. Dans les colonnes du *Popular Mechanics*, Elon Musk a aussi précisé qu'un kilogramme de fibre de carbone coûtait plus de 200 dollars, une somme astronomique si l'on compare avec le modique investissement de 3 dollars nécessaire à l'achat un kilo d'acier inoxydable.

centre spatial hors normes, celui d'où partira le premier vaisseau pour Mars.

Bienvenue à Boca Chica

La dernière étape avant Mars ? *A priori*, cette petite cité balnéaire isolée, située à l'extrémité sud du Texas, n'est pas l'endroit rêvé pour se lancer dans l'aventure humaine la plus fantastique de tous les temps. Des étés étouffants, des ouragans à répétition, des routes impraticables percées de crevasses boueuses et une absence chronique d'eau potable[1], apparemment tout concourt à décourager les esprits téméraires qui voudraient s'y installer durablement. Pis encore, la cité texane n'est desservie que par une seule route, la Highway 4, qui se termine en cul-de-sac, et elle est souvent traversée par des migrants mexicains en quête de gîte, comme en témoigne le survol permanent de la région par une noria de drones et d'hélicos. Mais voilà, le site de Boca Chica offre une situation géographique exceptionnelle en matière d'astronautique. Situé près de l'équateur, la gravité y est en effet plus faible et la vitesse de rotation terrestre propulse les fusées avec une vitesse supplémentaire d'environ 460 m/s, permettant ainsi de réduire sensiblement la consommation de carburant ; en somme, un site prometteur pour ce qui est du lancement. Côté paysage, la nature n'a pas que de mauvais aspects, en témoignent les couchers de soleil somptueux et ces vols

1. Non seulement les habitants de Boca Chica doivent braver les tempêtes, mais ils se trouvent régulièrement à court d'eau potable, car il n'existe aucun réseau de distribution dans la région. Pour se ravitailler, les gens sont contraints d'aller chercher en camion l'eau stockée dans de grandes citernes.

magistraux d'oiseaux qui font croire aux résidents estivaux qu'ils sont au bout du monde…

Sauvage et inhabitée il y a encore une vingtaine d'années, la région de Boca Chica pourrait devenir le centre du monde d'ici seulement quelques années. En attendant l'heure de gloire, Musk utilise un ancien complexe universitaire de deux étages en guise de futur centre de contrôle du lancement de ses fusées. À compter de l'année 2015, en l'espace de quelques mois, les techniciens de SpaceX construisent une centrale solaire et dressent deux grandes antennes de détection d'engins spatiaux achetées à la Nasa. Reste le problème de la mise en place de la rampe de lancement. Édifiées sur un terrain ultraporeux et très accidenté près de la plage de Boca Chica, les structures de lancement pourraient à tout moment s'effondrer sous l'effet de leur propre poids. Pour remédier à ce problème, Elon Musk fait acheminer 310 000 mètres cubes de béton, soit l'équivalent de la charge de 22 000 gros camions. Malgré cet apport, la rampe de lancement se révèle trop fragile pour se transformer en astroport de première grandeur. En 2015, à quelques mois d'intervalle, deux fusées Falcon explosent. Une fois n'est pas coutume, devant cet obstacle technologique imprévu, Elon Musk renonce définitivement à transformer Boca Chica en site de lancement. À compter du printemps 2018, faute de propulser des fusées vers Mars, le site se contenterait de fabriquer le futur Starship, le vaisseau qui devrait conduire les hommes jusqu'à la planète rouge[1]…

1. Un objectif qui n'empêche pas SpaceX de procéder à d'autres lancements. Le 25 juin 2019, une fusée Falcon Heavy décolle de Cap Canaveral pour mettre en orbite un tout petit satellite d'un genre un peu particulier, *LightSail-2*. Pas plus gros qu'un pain,

Un premier pas vers les étoiles

En ce samedi 28 septembre 2019, le soleil est bas sur l'horizon quand Elon Musk prend la parole sur le site de Boca Chica. Tout de noir vêtu, le créateur charismatique de SpaceX présente son dernier-né de l'aventure spatiale, vaisseau argenté aux ailerons brillants faisant davantage penser aux vaisseaux de science-fiction des années 1950 qu'à un futur engin d'exploration spatiale des années 2050. Baptisée Starship Mk1, la fusée argentée, haute de cinquante mètres et large de neuf mètres, n'est pas encore le vaisseau géant qui permettra de décrocher la planète rouge dans un avenir proche, mais un prototype censé s'élever jusqu'à une vingtaine de kilomètres avant de revenir et de se poser à la verticale. Entièrement fabriquée en alliage d'acier inoxydable, comme on l'a précisé plus haut, la fusée est d'une conception révolutionnaire. Avec ce projet, Elon Musk présente aussi une alternative au programme Artémis de la Nasa, programme de retour de l'homme sur la Lune d'ici 2024. Notre satellite naturel servirait alors de tremplin pour les futures missions martiennes prévues d'ici 2030[1].

Musk le premier pense à un retour sur l'astre sélène. Avant même de se lancer dans l'espace interplanétaire, un Starship pourrait se poser sur la Lune et sa partie

---

il ne se distingue que par la voile qu'il a déployée une fois dans l'espace, une voile de 32 mètres carrés fabriquée en Mylar.

1. Concurremment avec SpaceX, la Nasa œuvre aussi à la conception de sa future fusée géante. En 2022 au plus tard, le super lanceur spatial SLS (Space Launch System) devrait de nouveau transporter des astronautes sur le sol lunaire, les premiers après cinquante ans d'absence (dernière mission lunaire remontant au mois de décembre 1972, avec Apollo 17).

vaisseau habitée (le deuxième étage) disposerait encore de suffisamment de puissance pour en repartir sans l'aide du premier étage Super Heavy. Dans plusieurs tweets, Elon Musk évoque une base lunaire dite Moon Alpha, allusion évidente à celle de la série de science-fiction *Cosmos 1999*, diffusée dans les années 1970. Le projet Starship pourrait même avoir des retombées quant aux transports sur Terre. Avec un tel engin, un vol New York-Shanghai serait effectué en moins de quarante minutes et un Paris-Los Angeles n'excéderait pas une heure. « Une fois sorti de l'atmosphère, ça roulerait tout seul, sans turbulences, rien. Il n'y a pas de météo et on peut gagner des destinations longue distance en moins d'une demi-heure. Si on construit ce truc pour aller sur la Lune ou sur Mars, pourquoi ne pas aller aussi dans d'autres endroits sur Terre », observe Elon Musk...

En attendant ses futurs exploits lunaires, voire martiens, le prototype Starship Mk1 est la cible de tous les regards. Assemblé sur le site même de Boca Chica, sous le seul abri d'une grande tente amovible[1], cet engin d'un poids total de 200 tonnes surprend par sa rusticité et son côté rétrofuturiste ; il ressemble à un énorme obus, avec sa carapace de plaques de métal gondolées. Pour la circonstance, les ingénieurs de SpaceX l'ont équipé de trois moteurs Raptor, alimentés par un mélange d'oxygène et de méthane liquides. Et ce vaisseau en apparence anodin sera réutilisable ! Théoriquement capable de placer une charge utile de plus de 100 tonnes en orbite basse, le Starship d'Elon fera aussi office d'habitacle, près de 1 000 mètres cubes, pour une centaine de passagers. Ils seront alors ravitaillés en orbite pour un voyage de

1. Certaines opérations, comme le polissage de la coque, se sont même réalisées à l'air libre.

longue durée, à savoir au moins un périple de six mois en direction de la planète rouge. Et au retour, les désormais martionautes utiliseront la même fusée. Starship est en effet conçu pour revenir sur Terre, traverser notre atmosphère grâce à ses tuiles thermiques, puis atterrir verticalement à l'aide de ses aérofreins[1]... Du jamais vu ! Incroyable, fabuleux, extraordinaire, s'écrient les partisans d'Elon Musk. Cent passagers dans un vaisseau spatial ? Jusqu'à présent, cette idée « d'arche spatiale » n'était partagée que par les fans de science-fiction et les scientistes invétérés[2]. Utopique, irréalisable, complètement fou, scandent en revanche les détracteurs du créateur de SpaceX.

Embryon du futur vaisseau martien, le prototype présenté ce 28 septembre ne constitue cependant que l'étage supérieur de la future fusée géante Starship/Super Heavy, laquelle devrait décoller vers la planète rouge au plus tard avant 2030. D'une hauteur de soixante-dix mètres, ce premier étage sera lui aussi conçu en acier inoxydable et équipé de vingt-huit moteurs Raptor. Au total, la fusée géante devrait pointer son nez à quelque 120 mètres au-dessus du sol. Une hauteur qui dépasse celle de la Saturn V, la fusée déjà légendaire qui avait transporté douze astronautes sur la Lune entre 1969 et 1972. Quoi qu'il en soit, la route vers Mars est encore longue. Il faut en effet tester le premier prototype et ce n'est pas une sinécure.

1. Si le plein de carburant pour le vaisseau martien habité s'effectuera en orbite, pour le voyage retour, Elon Musk est absolument convaincu que les martionautes fabriqueront le carburant sur la planète rouge elle-même.
2. À bord de la navette, l'équipage n'a jamais dépassé sept passagers.

Trois échecs en six mois

Starship, la clé pour le voyage interplanétaire habité et la cheville ouvrière pour l'établissement d'une future colonie martienne. En attendant, il faut faire décoller le prototype et le faire revenir sur Terre, ce qui n'est pas une mince affaire. Il s'agit de vérifier dans un premier temps si la fusée est apte à résister aux très hautes pressions d'un carburant soumis à des températures extrêmement froides, de l'ordre de – 200° C.

Le 20 novembre 2019, Starship Mk1, à savoir le prototype exposé le 28 septembre devant la presse, explose au sol en raison d'une défaillance de la cloison de son réservoir, lequel n'a pas supporté la trop haute pressurisation à l'azote liquide. Trois mois plus tard, le 28 février 2020, de nouveau, les soudures du dôme supérieur cèdent, provoquant la rupture du réservoir cryogénique d'azote liquide. Une fumée blanche s'élève du pas de tir avant de disparaître dans une explosion. « Certaines valves ont fui à la température du cryo », précise le créateur de SpaceX dans un tweet. Nullement dépité par ce nouvel échec, Musk ironise alors en disant qu'il va réparer les failles du réservoir avec du ruban adhésif ultrarésistant. Et le 3 avril, rebelote. Sans vraiment imploser, le Starship baptisé « SN3 » s'affaisse avant de basculer. Le soir même de l'accident, Elon Musk suggère que l'échec serait imputable à « une erreur de configuration de test ». En effet, le réservoir inférieur contenant de l'oxygène liquide a été dépressurisé alors que la partie supérieure était remplie d'azote. En conséquence, l'engin s'est effondré sur lui-même, ne pouvant supporter cette masse supplémentaire.

Ses échecs à répétition sont d'autant plus préjudiciables à l'équipe d'Elon Musk qu'à chaque test, des centaines de policiers sont mobilisés pour fermer les routes vers le centre spatial et la plage de Boca Chica. Qui plus est, le bruit assourdissant des Raptor indispose régulièrement le voisinage de la base et des badauds essaient chaque fois de s'introduire sur le site… Après ce triple échec, l'équipe de SpaceX ne se décourage pas pour autant. Bien au contraire. Selon Musk, le succès les attend au bout de la route, ce n'est qu'une question de temps. Ses expériences passées lui ont appris que les chemins du succès sont tous parsemés d'erreurs et d'échecs.

Et sa patience et sa persévérance de payer. Le lundi 27 avril 2020, c'est chose faite. Le prototype Starship SN4 passe avec brio les tests de pressurisation[1].

Le succès du Starship SN4 relance SpaceX

Le succès tardif du 27 avril augure des lendemains bien meilleurs. Une fois oublié le triple échec de Starship, Elon voit de nouveau grand, comme au lendemain de l'essai réussi de la Falcon 1 en septembre 2008, lui aussi intervenu après trois échecs consécutifs sur l'atoll de Kwaj[2].

---

1. Le Starship SN4 est cependant détruit un mois plus tard, le 29 mai 2020, après avoir réalisé avec succès deux tests de pressurisation à l'azote liquide à deux pressions différentes et cinq tirs statiques avec deux moteurs différents. Lors d'un test des systèmes de déconnexion rapide après le cinquième tir statique, une fuite est survenue, causant la destruction du véhicule et de sévères dommages à la structure de lancement. Il faut attendre le 4 août 2020 pour voir s'élever dans le ciel le premier prototype de Starship SN5. Ce jour-là, le prototype réussit à s'arracher du sol jusqu'à 150 mètres d'altitude avant de revenir se poser sur la terre ferme.

2. Voir chapitre 10, p. 140.

Sans doute le Starship SN4 ne doit-il sa survie qu'au fait que les ingénieurs de SpaceX n'aient appliqué que 4,9 bars de pression aux réservoirs. Mais qu'importe, le succès est là et il intervient après six mois de galère. Cela étant, la porte de Mars n'est encore qu'entrouverte ; il faudra en effet que le vaisseau muskien résiste à une pression égalisant 8,5 bars, pour assurer la sécurité des futurs vols habités vers la planète rouge[1].

À défaut de vaisseau Starship dans un proche avenir[2], le rêve spatial d'Elon se matérialise avec la capsule Dragon. Dès le 30 mai 2020, soit tout juste trente-trois jours après le succès du dernier test de la fusée SN4, le milliardaire sud-africain réalise en effet une grande première : réussir le premier vol privé habité d'une fusée vers la Station spatiale internationale. Et cela en présence du président américain et sous les caméras du monde entier.

Même si les astronautes Doug Hurley et Bob Behnken ne marqueront pas la grande histoire au même titre qu'Armstrong et Aldrin, ils incarnent le retour de l'Amérique dans le club très restreint des puissances capables de satelliser des fusées. Mieux encore, ils

---

1. Le programme martien a cependant pris du retard. Si les tests de pression avaient été convaincants dès le mois de novembre 2019, l'équipe de SpaceX serait déjà passée à un test de feu statique, où les moteurs sont allumés pendant que l'engin reste immobile. C'est l'essai qui doit précéder celui du premier vol en grandeur nature du vaisseau.
2. Le 9 décembre 2020, le lancement de Starship connaît un « échec prometteur ». Même si le prototype s'est écrasé au sol après un vol impeccable – sans doute est-il revenu trop précipitamment –, Elon Musk s'est félicité de ce lancement. « Super test. Félicitations à l'équipe de SpaceX ! » déclare-t-il sur son compte Twitter.

redynamisent une conquête spatiale devenue moribonde depuis la mise au rancart des navettes spatiales. En cette année 2020 marquée par la pandémie de Covid-19, Elon Musk ranime le rêve américain, il en devient même le porte-drapeau. On se croirait revenu au temps du programme Mercury, à une époque où la conquête de l'espace incarnait l'esprit pionnier et le franchissement de l'ultime frontière.

11

2020, L'ODYSSÉE DE LA RECONQUÊTE DE L'ESPACE

« Il ne faut avoir aucun regret pour le passé, aucun remords pour le présent, et une confiance inébranlable pour l'avenir. »

(Jean Jaurès)

Printemps 2020. Alors que le monde est déstabilisé par une pandémie qui remet en question les fondements mêmes de la mondialisation et de nos sociétés modernes, le site de Cap Canaveral renaît de ses cendres et une foule inhabituelle se presse autour du célèbre centre spatial. Comme au temps des glorieuses heures du programme Apollo, les gens campent depuis des jours dans l'espoir de voir décoller une fusée blanche haute d'une cinquantaine de mètres. Sa destination : la Station spatiale internationale, située à environ 400 kilomètres d'altitude. *A priori*, il n'y a pas de quoi s'emballer. Les États-Unis ont déjà expédié des centaines de vaisseaux dans l'espace, envoyé des hommes sur la Lune et même lancé des sondes à l'assaut des mondes lointains du système solaire. Mais alors, pourquoi un tel enthousiasme, comment expliquer un tel attroupement autour de Cap Kennedy ? La raison se résume en un seul mot, pour ne pas dire en un seul nom : Elon Musk.

Conquérir les âmes avant de reconquérir la Lune

D'une certaine façon, Elon Musk apparaît comme le plus grand illusionniste de ce début de XXIe siècle. Songeons-y, arriver à faire d'un simple trajet de fusée vers l'ISS située à seulement 400 kilomètres au-dessus de la Terre un événement digne des marches lunaires des missions Apollo, il y a de quoi surprendre. Et pourtant, Elon Musk l'a fait. Au point de faire se déplacer le président américain en personne à Cap Kennedy.

À lui seul, il a déjà révolutionné la conquête spatiale, en réutilisant avec succès les boosters de ses fusées. Aujourd'hui, en ce mercredi 27 mai, il entend franchir une nouvelle étape : placer des hommes en orbite au moyen d'un lanceur entièrement fabriqué par une société privée. De l'intérieur des cabines aux combinaisons des astronautes, tout a été refait à neuf. À l'intérieur de la capsule Crew Dragon, sortie tout droit d'un épisode de *Star Wars*, les boulons et les interrupteurs ont disparu au profit d'écrans tactiles. Le nouveau vaisseau-cargo d'Elon Musk est en effet un bijou technologique. Révolutionnaire et futuriste à plus d'un titre, son espace pressurisé d'environ dix mètres carrés peut accueillir quatre passagers, et sa coque est recouverte de cellules photovoltaïques pour fournir l'électricité. Contrairement à d'autres fusées, les panneaux solaires ne sont pas déployés, mais collés à la peau du fuselage. Le Dragon est par ailleurs pourvu de grands hublots, ce qui permet à ses passagers d'apprécier davantage le paysage. Quant aux astronautes, ils sont revêtus de scaphandres rétrofuturistes[1] ressemblant vaguement à celui que portait Mortimer dans la bande

1. Conçue par le costumier d'Hollywood José Fernandez et inspirée de l'univers Marvel, cette combinaison spatiale est plus légère et plus confortable que son équivalant russe. Qui plus est,

dessinée *Le Piège diabolique*, d'Edgar P. Jacobs, une épique histoire de voyage dans le temps à bord d'un « chronoscaphe ». Tout se déroule d'ailleurs comme un vrai spectacle hollywoodien, il s'agit de frapper les imaginations, tant par le fond que par la forme. Ainsi les deux astronautes vedettes de la mission Crew Dragon arrivent-ils sur le pas de tir de la Nasa en voiture électrique blanche, la fameuse Tesla Model X[1], une autre création d'Elon Musk. Digne enfant d'Hollywood et de Walt Disney, le fondateur de SpaceX entend reconquérir l'espace en gagnant les cœurs et les âmes des enfants, qu'il considère à tort ou à raison comme les futurs colons martiens...

En ce 27 mai 2020, les Américains en sont bien conscients, leur pays a de nouveau rendez-vous avec l'Histoire. Il y a en effet plus de neuf ans qu'aucun engin américain ne s'est élancé du centre spatial de Floride. Depuis l'année 2011, les astronautes américains, faute de lanceurs, ont dû faire appel aux « taxis » russes, japonais et même européens pour gagner l'ISS. Aux yeux des ingénieurs de la Nasa, la dépendance en particulier à l'égard de la Russie, l'ancienne rivale de la guerre froide, est inacceptable. Pire, elle apparaît comme une véritable humiliation pour la nation qui a décroché la Lune en 1969 ! Et cette frustration, Elon Musk entend l'enterrer à jamais.

Une fois n'est pas coutume, le flanc de la fusée américaine n'est pas frappé du sigle de la Nasa, mais de celui de SpaceX, l'entreprise privée d'Elon Musk joue ici le rôle de prestataire de service. Pour la circonstance, le président américain Donald Trump a fait le voyage,

---

le casque est imprimé en 3D et les gants sont adaptés aux écrans tactiles.

1. Pour l'aventure muskienne de Tesla, voir chapitre 14, p. 187.

une façon d'oublier le Covid-19 et la crise sociétale et raciale naissante consécutive à la mort du Noir américain George Floyd, survenue à Minneapolis deux jours plus tôt lors d'un contrôle de police. Mais en ce début d'après-midi du 27 mai, tous les Américains (ou presque) ont les yeux rivés vers le ciel, ou plus exactement sur le centre spatial floridien. À bord de la capsule Crew Dragon, les deux astronautes Doug Hurley et Bob Behnken, deux vétérans de la navette spatiale mais aussi deux vieux potes très complices, sont solidement sanglés sur leurs sièges depuis deux bonnes heures. Ils ont enfilé leur combinaison spatiale vers midi et demi, soit quatre heures avant le décollage, après avoir déjeuné avec Jim Bridenstine, le directeur de la Nasa, et avoir été soumis à une dernière visite médicale.

L'écoutille de la capsule est désormais fermée et le personnel de la base a quitté la zone de lancement depuis belle lurette. D'ici une trentaine de minutes, à 16 h 33 précises (22 h 33 à Paris) ce mercredi, leur fusée Falcon 9 de SpaceX doit décoller du pas de tir 39A du centre Kennedy. Autre grand symbole de cette mission, le 39A est la même aire de lancement d'où s'était arrachée l'énorme fusée Saturn V qui avait transporté les astronautes sur la Lune, il y a de cela déjà plus d'un demi-siècle.

Mission annulée

En attendant l'exploit, les minutes s'égrènent lentement. Les astronautes procèdent à d'ultimes vérifications pour tester toutes les communications et les instruments de bord. *A priori*, tout est normal. H–45 minutes, l'histoire s'accélère. La passerelle d'accès à la capsule est retirée, le système d'évacuation d'urgence de Crew Dragon bascule en mode actif et, surtout, on remplit les réservoirs de la fusée Falcon.

Mais le suspense demeure. Jusqu'à l'ultime seconde, les ingénieurs de SpaceX et de la Nasa peuvent décider d'interrompre la mission et de faire évacuer les deux astronautes de la capsule. SuperDraco dispose de huit moteurs sur le côté qui doivent permettre l'éjection du cargo Dragon en cas de défaillance. Il reste en effet une inconnue, et non des moindres, les caprices de la météo. En d'autres termes, Hurley et Behnken ne sont pas à l'abri d'une tornade, d'un orage ou même d'un coup de vent. La fusée Falcon 9 a beau être le plus beau joyau high-tech de la nouvelle ère spatiale, elle est plus fragile qu'un avion. Qui plus est, en cas de retour prématuré des astronautes sur Terre, le temps se doit d'être au beau fixe pour récupérer les pilotes de Crew Dragon en pleine mer.

Selon les critères de la Nasa, une météo adéquate est synonyme de vents faibles, d'absence d'éclairs et d'une mer plate[1]. Elon Musk le premier ne veut prendre aucun risque, il en va de la réputation de SpaceX. « Falcon Dragon est conçu pour résister à plusieurs éclairs, mais nous ne pensons pas qu'il soit nécessaire de courir le risque », commente le créateur de SpaceX. Après les trois échecs successifs des premiers exemplaires du Starship, il ne peut se permettre de connaître un nouveau fiasco. Selon lui, si le cisaillement du vent en haute altitude « frappe comme un marteau de forgeron », la fusée risque de dévier de sa trajectoire et même d'exploser. Or, en ce mercredi 27 mai, le ciel de Floride n'est pas au beau fixe ; on a notamment

1. Pour être encore plus explicite, les ingénieurs de l'astronautique exigent une absence d'éclairs et de nuages compacts dans un rayon de 10 milles nautiques. Par ailleurs, la couche nuageuse ne doit pas excéder les 1 371 mètres.

repéré d'épais nuages noirs susceptibles de produire des éclairs. Résultat, le verdict tombe. À H-17 minutes, au grand dam des milliers de spectateurs qui avaient fait le déplacement à Cap Kennedy, le compte à rebours de la Nasa s'arrête.

Mais ce n'est que partie remise. La mission est seulement reportée de trois jours.

Samedi 30 mai 2020, jour de la délivrance

Trois jours plus tard. On prend les mêmes et on recommence. De nouveau, Donald Trump a fait le déplacement et, une fois encore, les télévisions du monde entier sont présentes pour saluer l'événement, à savoir le retour de l'Amérique sur la grande scène de l'espace. Là encore, les deux astronautes s'installent dans leur cabine environ deux heures et demie avant le lancement de leur fusée, et le compte à rebours démarre.

Plus l'heure H du décollage approche, plus la tension des astronautes et des ingénieurs restés à terre devient palpable. À H-17 minutes, on respire un peu plus. Apparemment, aucun gros nuage noir n'obscurcit le ciel. Cette fois, la météo n'arrêtera pas le compte à rebours. L'écoutille est close, les réservoirs sont remplis, tous les feux sont au vert.

À H-5 minutes, ce ne sont plus les appareils ultrasophistiqués du pas de tir qui contrôlent les opérations de vol, mais l'ordinateur de bord de la capsule Dragon. Les liaisons et communications avec le sol sont coupées.

Quatre minutes plus tard, à H-1 minute, tous les réservoirs sont pressurisés pour le vol, les opérations sont toutes automatisées. Quinze secondes s'écoulent encore, le directeur de vol annonce le « *Go* » du lancement de la fusée. Les astronautes procèdent aux ultimes vérifications de leurs écrans, les cœurs battent plus fort.

À Hawthorne, en Californie, les ingénieurs de SpaceX retiennent leur souffle, le moment est crucial. Jusqu'à la dernière fraction de seconde, l'ordinateur de bord de la Falcon 9 peut décider d'annuler le décollage et d'éteindre les moteurs en cas de problème. Mais il n'en est rien.

À H-3 secondes, les neuf moteurs Merlin de la Falcon commencent à vrombir. « Allumons cette chandelle ! » lance Douglas Hurley au moment de la mise à feu, rappelant ainsi les mots du premier astronaute américain Alan Shepard, lors de la mission Mercury le 5 mai 1961[1].

À 15 h 22, comme prévu, la fusée blanche frappée du logo bleu de SpaceX décolle vers le ciel dans un bruit assourdissant. Un vrombissement synonyme de succès. Dans la salle de contrôle de Cap Kennedy, mais aussi à Houston et à Hawthorne, les visages se détendent. Une explosion de joie contenue. Car l'aventure n'est pas terminée. Les minutes qui suivent sont tout aussi stressantes. Il ne faudrait pas que l'engin explose après deux minutes de vol…

« Allumons cette chandelle ! »

L'envol est rapide, spectaculaire et sans accroc. L'accélération est progressive et une pression de plus de 3 *g* s'exerce sur les deux astronautes, littéralement

---

1. Soit moins d'un mois après l'exploit historique de Youri Gagarine, le premier homme à voyager dans l'espace. Mort en 1998, Alan Shepard a aussi marché sur la Lune en février 1971 lors de la mission Apollo 14. Il s'est illustré en frappant la première balle de golf sur le sol lunaire. Il avait au préalable fabriqué à la hâte un golf de fortune au moyen d'un instrument de capture géologique.

collés à leurs sièges. En l'espace de quelques dizaines de secondes, le vaisseau spatial de SpaceX dépasse le mur du son et Max-Q, c'est-à-dire le moment de leur vol où la pression atmosphérique est maximale sur le lanceur en fonction de sa vitesse. En moins d'une minute, la Falcon 9 atteint déjà les 15 kilomètres d'altitude à plus de 1 600 km/h. Les vibrations se font plus intenses. Nous arrivons à l'un des moments les plus cruciaux de la mission, la séparation des étages de la fusée. Au bout de deux minutes et trente-trois secondes, c'est chose faite. À plus de 94 kilomètres d'altitude et à la vitesse de croisière de plus de 6 500 km/h, les neuf moteurs du premier étage s'éteignent, puis le second étage se détache et allume son propre moteur. C'est l'heure de la délivrance. Toute la salle de contrôle du centre Kennedy exulte ; on applaudit à tout rompre. L'Amérique vient de renouer avec la réussite spatiale. Quelques secondes encore et l'équipage de SpaceX dépasse la ligne de Karman, à savoir la limite entre notre atmosphère et l'espace interplanétaire...

Onze minutes tout juste après son lancement, la capsule Crew Dragon entame la dernière et plus longue partie de son vol[1]. Son point de mire est maintenant l'ISS, un assemblage de modules et de panneaux solaires suspendu dans le vide à tout juste 400 kilomètres d'altitude. À son bord : trois astronautes, deux Russes et un Américain. Répondant aux noms d'Anatoli Ivanichine,

1. Pendant ce temps, le premier étage accomplit une autre performance (déjà réalisée en 2016 mais dans d'autres circonstances). Revenu à terre ou plus exactement sur la mer au moyen de ses parachutes, le booster se pose sans difficulté sur la plate-forme océanique *Of Course I Still Love You*, à peine deux minutes après son décrochage de la fusée (voir chapitre **00**, p. **000**).

d'Ivan Vagner et Chris Cassidy, cet équipage entièrement masculin est arrivé dans la Station spatiale le 9 avril précédent, en pleine épidémie de Covid-19.

Pendant près de dix-neuf heures, les astronautes de SpaceX dérivent dans l'espace en impesanteur. Et ils découvrent déjà un autre monde, à seulement une centaine de kilomètres au-dessus de nos têtes. L'espace circumterrestre est en effet un lieu où toutes nos références et nos gestes quotidiens sont chamboulés. L'appréciation des couleurs, le sens du goût, l'évaluation des distances en sont durablement altérés. Il n'y a plus de jour ni de nuit, de haut ni de bas. Le Soleil lui-même se lève toutes les quatre-vingt-dix minutes ! Même si tous ces phénomènes ne sont pas nouveaux pour Hurley et Behnken (n'oublions pas qu'ils ont déjà volé à bord de la navette spatiale), ils sont toujours aussi déroutants et spectaculaires.

Le temps de l'amarrage…

Le dimanche 31 mai, à l'approche de la Station spatiale, les esprits sont de nouveau fébriles. Il ne s'agit pas de rater la séance d'amarrage, la phase finale du vol. Que celle-ci échoue et les astronautes de l'ISS resteront sans ravitaillement pendant plusieurs semaines, si ce n'est plusieurs mois. Il en va aussi de la crédibilité de la société de Musk.

Le nez de la capsule Crew Dragon est maintenant ouvert[1]. À quelques centaines de kilomètres de l'ISS, le véhicule de SpaceX procède à plusieurs séances

1. Là encore, une innovation. Contrairement à ce qui se faisait sur les vaisseaux d'amarrage précédents, la coiffe protégeant l'écoutille reste solidaire du cargo, permettant ainsi sa réutilisation pour de futures missions spatiales du même type.

d'allumages de moteurs alternées avec une série de corrections de trajectoire. L'approche de la Station s'effectue à la fois lentement et prudemment. Après plus de dix-huit heures de vol, le Crew Dragon s'immobilise à environ 400 mètres de l'ISS. Une fois le feu vert donné, après plusieurs minutes d'attente, elle s'en approche à vitesse très réduite. Les astronautes de SpaceX ont d'ailleurs pris le contrôle manuel des opérations. À moins de 220 mètres de la Station, le véhicule spatial de Hurley et de Behnken stoppe de nouveau sa progression.

En attendant le « *Go* » du centre spatial, les deux astronautes observent, l'espace d'un instant, notre planète bleue à l'aspect si fragile ancrée dans l'écrin noir de l'infini. Hurley et Behnken s'approchent ensuite à une vingtaine de mètres de l'imposante structure spatiale, véritable petite cité du cosmos, dont la construction a commencé en 1998. Une vingtaine de mètres dans l'espace pour deux heures d'attente. Un paradoxe ? Non, les aléas des multiples vérifications des pressions et des différentes connexions électriques. Puis c'est l'instant tant attendu, celui de la réunification des équipages. Le sas entre le vaisseau-cargo Dragon et celui de la Station spatiale doit encore être dépressurisé avant que l'écoutille de la capsule ne soit ouverte. À 16 h 20 heure française, le Crew Dragon engage son ultime manœuvre…

Deux mètres… un mètre… plus que quelques centimètres. Merveilleux, l'anneau d'amarrage de la capsule s'arrime sans le moindre accroc à celui de l'ISS ! À 16 h 29, c'est chose faite. Bob Behnken est le premier à entrer dans l'ISS. Vêtu d'un polo noir, il serre immédiatement dans ses bras les trois astronautes en combinaison bleu ciel restés à bord de l'ISS. « Le monde entier a suivi cette mission et nous sommes tellement, tellement fiers de tout ce que vous avez fait pour notre pays, et en réalité pour inspirer le monde», déclare depuis la Terre Jim Bridenstine, le patron de la Nasa. «Ce fut un honneur de faire partie de cet effort de neuf ans depuis la dernière fois qu'un véhicule américain s'est amarré à la Station spatiale internationale», répond Doug Hurley. Ainsi commence une aventure de soixante-trois jours dans l'espace…

Quand Perseverance *rime avec «espérance»*

Tout juste deux mois plus tard, le 30 juillet, comme en écho au succès du Crew Dragon de SpaceX, une fusée Atlas V met en orbite la sonde *Mars 2020*. À son bord, le rover *Perseverance*, pour une mission martienne de première grandeur. Rêvée depuis plus de quarante ans, cette aventure spatiale hors normes doit durer pas moins de onze ans. Son but: atterrir sur la planète Mars d'ici février 2021 et en redécoller en 2031 en ramenant des échantillons sur Terre. Un périple de plus de sept mois à 100 000 km/h dans l'espace interplanétaire chiffré à 2,7 milliards de dollars. Cinq cent millions de kilomètres à parcourir? Un espace incommensurable à l'échelle humaine, mais ridicule à l'échelle galactique. Pas plus d'une demi-heure lumière! Quand on songe que notre système solaire ne dépasse pas cinq heures-lumière et que l'étoile la plus proche campe à plus de quatre années-lumière, on peut avoir le vertige. À la vitesse de la sonde *Mars 2020*, pourtant douée d'une grande célérité, plus de 50 000 ans seraient nécessaires pour rallier notre «voisine de palier» interstellaire, le système triple d'Alpha du Centaure.

Une fois arrivé sur le sol de la planète rouge, au moyen de parachutes pour freiner la course du vaisseau, le robot *Perseverance*, de la taille d'un gros 4×4, roulera alors près du cratère Jezero, qui ne serait que le vestige d'un ancien lac. Les scientifiques caressent ainsi l'espoir d'y dénicher quelque forme de vie passée. Dans cette perspective, *Perseverance* arpentera, cinq ans durant, le sol martien afin d'en prélever quelques centaines de grammes d'échantillons, lesquels seront ensuite scellés dans des tubes hermétiques en acier avant d'être récupérés par un autre rover, qui doit théoriquement débarquer en 2026…

Si la marche de *Perseverance* ne dépend pas du travail des ingénieurs de SpaceX, son succès est indispensable au grand projet d'Elon Musk, envoyer des hommes sur Mars d'ici la fin de cette décennie. Autant dire que le vaisseau privé de SpaceX pourrait débarquer sur la planète rouge avant même le retour des échantillons martiens de *Perseverance*. *A priori*, le rêve martien se conjugue avec le rêve muskien. En attendant cette heure fabuleuse de la conquête spatiale, les deux astronautes Hurley et Behnken sont revenus sur Terre, seulement deux jours après le départ de la fusée Atlas V pour Mars[1]…

Soixante-trois jours dans l'espace

À l'intérieur de l'ISS, pendant plus de deux mois, les deux astronautes du Crew Dragon ont dû s'adapter aux conditions singulières de l'impesanteur. Un périple spatial rythmé par des contrôles permanents de la maintenance et des expériences diverses, aussi bien en rapport avec la physiologie humaine qu'avec la science des matériaux ou la physique des fluides. Le 7 juillet, Hurley manipule ainsi le système de ventilation de la

1. Il faut toutefois souligner qu'il n'y a aucun lien de causalité entre ces deux événements.

Station spatiale internationale pour vérifier le débit d'air et les composants. Les astronautes ont aussi contrôlé quotidiennement la qualité de l'eau. Dans l'espace, l'eau consommée est en effet aux trois quarts recyclée ; elle provient en particulier de la transpiration des astronautes, de leur urine et des eaux usées. Les occupants de l'ISS n'ont pas le temps de chômer. Bob Behnken a même effectué plusieurs sorties extravéhiculaires à plus de 400 kilomètres d'altitude, notamment pour réparer les batteries solaires de la station. Le 21 juillet, jour ô combien symbolique pour la conquête spatiale[1], l'astronaute de SpaceX, en compagnie de son acolyte Chris Cassidy, a battu le record de durée dans le vide spatial en effectuant une sortie de près de cinq heures et demie[2]. Les deux pionniers de l'espace ont en particulier réacheminé des câbles pour un nouveau système de transmission des données sans fil et retiré un filtre d'objectif de l'une des nombreuses caméras accrochées à l'extérieur de la station.

Mais en ce samedi 1er août, leur grande balade prend fin[3]. Elle aura duré soixante-trois jours. Après avoir reçu le feu vert de Houston, malgré des conditions météorologiques relativement menaçantes au-dessus du golfe du Mexique[4], Bob Behnken et Doug Hurley se désa-

1. C'est en effet l'anniversaire du jour de l'alunissage historique d'Armstrong avec Apollo 11.
2. Lors de la première sortie extravéhiculaire de l'histoire, survenue en mars 1965, le cosmonaute soviétique Alexeï Leonov, récemment décédé, avait effectué une « marche dans le vide spatial » n'excédant pas 12 minutes et 9 secondes.
3. La fin d'une mission orbitale nommée Demo-2 ou DM-2.
4. L'agence spatiale américaine décide de maintenir le vol de retour des astronautes de SpaceX dans le golfe du Mexique malgré la tempête tropicale Isaias, laquelle occasionne pourtant

marrent de la Station spatiale internationale. Après avoir échangé un au revoir chaleureux avec leurs camarades de l'espace et procédé à toute une série de contrôles d'étanchéité, les deux premiers astronautes de SpaceX renfilent leurs combinaisons pressurisées dernier cri et réintègrent leur capsule Crew Dragon, rebaptisée pour la circonstance *Endeavour*, du nom de la navette spatiale à bord de laquelle les deux héros du jour avaient volé il y a une bonne douzaine d'années. À 23 h 30 heure de Paris, les écoutilles se referment puis *Endeavour* actionne ses propulseurs pour se détacher de la Station spatiale. À bord de la capsule, 150 kilos de fret, dont des spécimens d'expérimentation congelés, des effets personnels et le drapeau américain laissé à bord de l'ISS par le dernier équipage d'une navette spatiale en juillet 2011. Peu de temps après le désamarrage, Doug Hurley envoie un dernier message à son collègue Cassidy : « Ce fut un honneur et un privilège de faire partie de l'expédition 63 avec vous, Anatoli et Ivan[1]. Ces deux mois ont été formidables et nous apprécions tout ce que vous avez fait, en tant qu'équipage, pour nous aider à faire faire ses preuves au Dragon pour son vol inaugural. » « Ce fut un honneur de servir avec vous », lui répond Cassidy. Contrairement à ce qu'on pourrait croire, le grand plongeon vers la Terre ne s'effectue pas directement. Avant de s'engager dans notre atmosphère, les hommes de Musk dorment huit heures durant pendant que leur capsule *Endeavour*, placée en pilotage automatique, dérive autour de la Terre.

---

de véritables rafales de vent et de fortes pluies sur la côte est de la Floride.

1. Théoriquement, les trois astronautes restés à bord de l'ISS seront remplacés à la mi-octobre.

Pour les deux héros de SpaceX, la mission est encore loin d'être terminée. Après la phase de désamarrage, il leur reste à effectuer la délicate phase de rentrée dans notre atmosphère, un plongeon à plus de 28 000 km/h, puis à amerrir en douceur dans le golfe du Mexique, au large de la Floride, près de Pensacola…

Premier vol spatial habité : mission accomplie !

« La partie la plus difficile a été de nous lancer, mais la partie la plus importante est de nous ramener à la maison », s'inquiète Behnken. Réveillés à 11 h 40 GMT en ce premier dimanche d'août, les deux astronautes ne sont en effet pas au bout de leurs peines. La traversée de notre atmosphère constitue en cela une véritable épreuve. Preuve en est le seul accident de la navette *Columbia* en février 2003. La première navette spatiale de l'histoire de l'astronautique s'était alors désintégrée suite au détachement d'un simple morceau de mousse isolante de la taille d'un petit porte-documents. Les sept passagers étaient morts sur le coup…

L'épilogue dramatique de *Columbia*, les astronautes Behnken et Hurley ne peuvent l'effacer de leur mémoire. Et ce d'autant qu'ils sont eux-mêmes d'anciens pilotes du *shuttle*. Loin d'être une promenade de santé, cette ultime épreuve de la traversée des couches de notre atmosphère est considérée comme la plus périlleuse de la mission. Le frottement de l'air ionisé sur les parois de l'appareil élève dangereusement la température à près de 2 000 °C. Pour l'équipage d'*Endeavour*, il ne s'agit pas non plus de rater l'angle de pénétration. Qu'il soit trop grand et la capsule pourrait exploser ; en revanche, un angle trop fermé et c'est l'assurance du trampoline. Le joyau technologique d'Elon rebondirait alors dans l'espace pour une dérive sans fin dans l'infini de l'espace.

Tout au plus, en guise de consolation, pourrait-il croiser le fameux Tesla Roadster rouge décapotable, lancé en février 2018 par le vol historique de la Falcon Heavy[1]. En espérant que son mannequin soit toujours aux « commandes » de la voiture[2]…

En attendant cette délicate traversée, Hurley et Behnken ingurgitent des fluides afin de faciliter leur adaptation à la gravité terrestre après leur long séjour spatial. Au moment de l'amerrissage, les astronautes ont en effet régulièrement la nausée. « On a des sacs à portée de main, précise Hurley. Au cas où. Des serviettes aussi. »

À l'instant programmé par SpaceX, en ce dimanche 2 août, soit à 17 h 51 GMT, *Endeavour* entame toute une série de manœuvres, à commencer par le largage du coffre non pressurisé contenant le matériel jugé obsolète[3]. Parvenue à 4,5 kilomètres d'altitude, alors que sa vitesse dépasse encore les 560 km/h, la capsule déploie ses parachutes pour ralentir sa chute. Tout se passe comme la théorie le prévoit, sans le moindre accroc. Au moment de son amerrissage dans le golfe du Mexique, le premier vaisseau privé de l'espace se pose en douceur, à la vitesse « fantastique » de 24 km/h. Il est exactement 18 h 48 en temps universel[4]. Récupérés dans l'heure qui suit par un navire de la Nasa, le *GO Navigator*, Bob Behnken et Doug Hurley affichent

1. Voir chapitre 9, p. 129.
2. Aux dernières nouvelles, la « première voiture de l'espace » pourrait s'écraser sur notre Terre.
3. À savoir les panneaux solaires et des radiateurs générateurs d'énergie.
4. 14 h 48 heure locale, 20 h 48 à Paris.

une mine du tonnerre[1]. « Bienvenue sur Terre, et merci d'avoir volé sur SpaceX », annonce le directeur de vol aux astronautes. La première excursion spatiale habitée de la société privée est un succès total... D'immenses perspectives se dessinent alors, non seulement pour l'astronautique américaine, mais pour le devenir spatial de l'humanité. Après le lancement historique de février 2018, Elon Musk signe l'acte II de la reconquête de l'espace. Neuf ans après l'arrêt de la navette spatiale, Elon Musk offre à l'Amérique un nouveau billet pour l'espace.

En menant à son terme la mission Demo-2, Elon Musk réussit non seulement à casser le cordon ombilical avec la Russie (une dépendance longue de neuf ans !), mais aussi à catalyser une nouvelle dynamique spatiale, celle du marché privé de l'orbite basse, ouverte désormais aux touristes et aux entreprises. « Nous imaginons un avenir où une dizaine de stations spatiales sont en orbite terrestre basse, toutes opérées par le secteur privé », déclare avec enthousiasme Jim Bridenstine, l'actuel patron de la Nasa. D'ores et déjà, on établit le prochain calendrier des lancements du Crew Dragon, des vols à bord desquels pourrait bientôt prendre place notre spationaute national, Thomas Pesquet[2]. Par ailleurs, la réussite de Behnken et Hurley rend crédible le projet

1. La capsule Dragon Crew est transportée par la suite sur un site de SpaceX en Floride pour une inspection de six semaines, un examen détaillé destiné à vérifier si la capsule peut reprendre le chemin des étoiles dans un avenir proche.
2. En novembre 2020, SpaceX a rempilé en effectuant avec succès son deuxième vol habité avec quatre astronautes à bord. Au mois d'avril 2021, le Français Thomas Pesquet devrait prendre place à bord de la mission SpaceX Crew-2.

pharaonique de Musk, celui d'envoyer prochainement des hommes sur Mars.

Elon Musk voit plus loin : il construit une énorme fusée – Starship –, pour aller autour de la Lune, voire sur Mars, et faire de l'humanité une « espèce multiplanétaire »…

12

Le futur sera martien… ou ne sera pas

« J'aimerais bien mourir sur Mars, mais pas pendant l'impact. »
(Elon Musk)

Elon Musk ambitionne de coloniser Mars d'ici 2070. Il le clame haut et fort depuis cinq ans : la planète rouge deviendra le second berceau de l'humanité d'ici la fin du siècle et sera peuplée d'un million de personnes dans les cinquante ans à venir. Cette « colonie » permettra, selon le fondateur de SpaceX, d'assurer la survie de l'espèce humaine au cas où son existence serait menacée sur Terre. En somme, il s'agit de ne pas mettre tous nos œufs dans le même panier. À long terme, l'objectif des colons de la planète rouge serait de terraformer Mars. En d'autres termes, transformer l'environnement martien pour en faire une autre Terre. Tout un programme…

Mars, si proche et si différente…

Mars, c'est d'abord une planète étrangère, hostile et froide. Malgré tous ses défauts, elle reste encore le seul coin fréquentable du système solaire. Sa gravité de surface est acceptable, sa température supportable et son éloignement abordable. Son atmosphère est cependant irrespirable et ses tempêtes de sable sont réputées violentes. À perte de vue, elle ressemble à un vaste désert glacé et rocailleux couleur de rouille. Son ciel saumon ne vaut pas notre bel azur. Pour les colons, il faudra lutter en permanence contre la routine, l'ennui et des dangers de toute sorte. Sans compter les humeurs du sable martien, les glissements de terrain sont fréquents, les geysers de dioxyde de carbone imprévisibles et les radiations cosmiques périlleuses. Un séjour sur Mars, ce n'est en rien des vacances au Club Med sur une plage des Bahamas.

Les futurs « martionautes » sont déjà parmi nous…

Dès le mois de septembre 2016, à la faveur du 67e congrès d'astronomie de Guadalajara, au Mexique, Elon Musk a annoncé son intention de peupler Mars d'ici la fin de ce siècle. Pour le milliardaire natif de Pretoria, l'équation est simple : ou nous restons sur Terre pour toujours, au risque de disparaître, ou nous devenons une espèce interplanétaire. Musk ne veut donc pas envoyer qu'un seul vaisseau sur Mars, mais souhaite créer un business pour rendre le voyage sur Mars abordable. « Nous devons aller avec des missions exploratoires jusqu'à la construction d'une ville », a-t-il ainsi expliqué devant quelques milliers de personnes. À compter de l'année 2024, précise-t-il, une fois effectué le débarquement des premiers colons, des vols auront régulièrement lieu tous les deux ans, avec à bord des fusées toujours une centaine de personnes.

L'objectif du créateur de SpaceX n'est pas seulement de fonder des colonies de scientifiques enfermés dans leurs modules de survie, mais il est aussi de bâtir de vraies villes martiennes, peuplées en grande majorité de non professionnels et de civils n'appartenant pas au milieu de l'astronomie, de la géologie ou encore de l'exobiologie.

À l'exemple de leurs équivalents terrestres, les futures cités de Mars seront des espaces de vie, de loisir et de travail. Certes, Elon Musk n'est pas le seul scientifique à envisager des colonies sur d'autres planètes, mais il est le premier à conceptualiser un véritable voyage vers Mars et même vers la banlieue des planètes géantes, quitte à fabriquer des vaisseaux géants. Le projet spatial d'Elon Musk consiste à construire de véritables arches capables de transporter jusqu'à 550 tonnes en orbite basse (au lieu d'une cinquantaine aujourd'hui) et de déposer une centaine de personnes à la surface de la planète rouge à l'issue d'un voyage n'excédant pas une centaine de jours. C'est tout à fait révolutionnaire.

Les satellites planétaires Europe, Ganymède et Titan sont aussi dans la ligne de mire de SpaceX à l'horizon 2070. Le mérite d'Elon Musk n'est pas tant de fabriquer des fusées que de rendre possible l'aventure martienne. Non seulement le voyage vers Mars est possible, mais il est souhaitable et réalisable, tant financièrement que technologiquement. Sa grande idée est surtout le concept du vaisseau réutilisable. Un révolutionnaire ? Non, Musk est un novateur qui croit dur comme fer à ses rêves. Loin d'avoir découvert un nouveau système de propulsion, le créateur de SpaceX a seulement su exploiter toutes les ressources technologiques dont l'humanité dispose pour redynamiser la conquête spatiale.

Pour le projet à long terme, Elon Musk espère pouvoir réutiliser son lanceur mille fois et le vaisseau ravitailleur de carburant une centaine de fois. À l'intérieur de ces vaisseaux relativement vastes, on trouvera un restaurant, des cabines, et des jeux adaptés à l'absence de gravité. N'imaginons pas pour autant une flottille de vaisseaux en partance chaque année vers notre voisine de palier planétaire. Compte tenu des positions respectives de la

Terre et de Mars dans le système solaire, les fenêtres de tir pour envoyer des vaisseaux vers la planète rouge sont étroites. En vertu des lois de la mécanique céleste, les lancements interplanétaires s'effectueront tous les vingt-six mois, les retours vers la Terre intervenant seulement trente mois après le départ[1]. Enfin, tous les voyages martiens auront un coût, pas moins de 2 millions de dollars pour chaque lancement de Starship. À terme, le créateur de SpaceX estime qu'il faudrait quarante à cent ans pour créer une civilisation autosuffisante d'un million de personnes sur la planète rouge. Autant dire que notre grand entrepreneur ne risque pas de voir la réalisation de son rêve martien de son vivant.

Un voyage à moins de 100 000 dollars

Si la maîtrise technologique est un aspect fondamental de la conquête de Mars, les aspects humains sont tout aussi cruciaux. Sans compter la durée du voyage, au moins six longs mois, il y a le séjour sur la planète elle-même, avec cette idée de vivre toujours en vase clos et de sortir systématiquement avec sa combinaison spatiale. Fantastique à ses débuts, le paysage ocre et rocailleux de Mars risque de devenir rapidement monotone et terne. Restent aussi la composition des équipages et le prix du voyage ! Selon Musk, la grande expédition martienne version SpaceX sera presque accessible à tout un chacun. Dans un tweet posté dès le 10 février 2019, notre aventurier des étoiles déclare sans sourciller que

1. En règle générale, les voyages vers Mars seront longs de six mois, et le séjour sur la planète d'une trentaine de mois. D'ici la fin du siècle, il n'est pas exclu que l'on puisse raccourcir la durée du voyage vers Mars en découvrant un nouveau système de propulsion.

son voyage sur Mars via sa future fusée « coûtera un jour moins de 500 000 dollars ou peut-être même moins de 100 000 dollars ». Et d'ajouter, en toute simplicité : « Assez bas pour que la plupart des gens dans les économies développées puissent vendre leur maison sur Terre et aller sur Mars s'ils le veulent. » Ne manquant pas de sens de l'humour, le leader charismatique de SpaceX a par ailleurs souligné qu'au cas où une personne ne pourrait plus supporter l'environnement martien, un « billet retour » lui serait gracieusement offert. Quoi qu'il en soit, l'environnement martien est loin d'être hospitalier, les risques de perdre un colon ne sont pas négligeables, aussi l'achat d'un billet pour Mars sera-t-il assorti d'un accord par lequel on déclare accepter de mettre sa vie en danger. Il sera même possible de revenir sur Terre en cas de non-adaptation à l'univers martien...

Mars, une nouvelle Terre ?

À court ou long terme, dans un délai de cent ans ou mille ans, les hommes espèrent avoir transformé la planète rouge en planète bleue. C'est le grand rêve de la terraformation. Rendre l'atmosphère de Mars respirable, rendre notre voisine habitable sans avoir besoin de porter le moindre casque, tel est le grand projet des exobiologistes. Autrefois dense et chaude, l'atmosphère martienne a ensuite été balayée par les vents solaires. Désormais enveloppée d'une faible couche de gaz, surtout du dioxyde de carbone, la planète rouge n'est plus capable de produire l'effet de serre qui lui aurait permis de conserver des mers et des océans d'eau liquide. Pour recouvrer son atmosphère d'antan, Mars doit être dotée d'une magnétosphère, à l'exemple de la Terre. En raison de son faible gabarit, la planète rouge n'a pu conserver sa dynamo initiale.

Aujourd'hui, la terraformation de Mars passe obligatoirement par un réchauffement général de la planète, lequel serait indissociable de la restauration d'un effet de serre. Sachant que l'eau et le dioxyde de carbone sont tous deux prisonniers dans les calottes et le sous-sol martien, d'aucuns envisagent de bombarder carrément les pôles avec des charges nucléaires. C'est notamment le cas d'Elon Musk. Une autre solution pour réchauffer Mars serait d'utiliser des miroirs géants de cent kilomètres de rayon, des structures placées dans l'espace qui réfléchiraient la lumière du Soleil afin de mieux faire fondre les calottes polaires martiennes. Ainsi serait libéré le gaz carbonique capable de générer un nouvel effet de serre.

À long terme, la stabilisation climatique de Mars est indispensable à toute colonie durable sur cette planète. Sans terraformation, jamais la planète rouge ne sera suffisamment vivable pour endurer une colonisation massive…

Starlink, une nouvelle constellation artificielle

Avant de conquérir la planète Mars, Elon Musk entend conquérir la Terre, ou plus exactement séduire ses habitants en facilitant l'accès des particuliers au service Internet à haut débit partout sur notre globe, en particulier dans les régions encore mal desservies par les opérateurs classiques. Il s'agit de répondre aux besoins croissants en matière de jeux vidéo en réseau et de visioconférences internationales. C'est le projet Starlink. Pour parvenir à ses fins, Elon veut accaparer toute l'orbite basse en vue du placement de ses objets célestes, quitte à faire concurrence aux autres opérateurs de satellites tels que Globalstar (téléphone satellitaire), LeoSat (liaison point à point) et surtout OneWeb. Non seulement ceux-ci craignent pour leur leadership commercial, mais d'aucuns s'inquiètent des réels risques de collision entre les satellites. En effet, ce n'est pas quelques centaines d'objets qu'Elon Musk entend placer en orbite géostationnaire, mais une véritable armada comptant 42 000 microsatellites. Un chiffre astronomique dans tous les sens du terme. À titre de comparaison, depuis le lancement historique de *Spoutnik* en octobre 1957, les grandes puissances spatiales n'ont lancé que 9 400 objets autour de notre planète. Dès le printemps 2020, ce sont près de 420 satellites qui sont installés à la verticale de la Terre. En règle générale, ce sont des machines légères de 227 kilos chacune, et toutes fabriquées à Redmond près de Seattle, aux États-Unis.

Le 7 octobre suivant, SpaceX procède au lancement d'un nouveau chapelet d'une soixantaine de satellites, portant à 775 le nombre d'objets qu'elle a placés en orbite basse. La constellation Starlink commence à prendre forme et avec elle la vague de contestations. En particulier celle des astronomes. Nombreux sont en effet les arpenteurs du ciel qui craignent de ne plus pouvoir observer clairement la voûte céleste. Selon leurs dires, la constellation Starlink pourrait générer une insupportable pollution lumineuse. En guise de réponse, Elon Musk réplique que des chercheurs s'évertueront dans un avenir proche à rendre leurs futurs satellites transparents ou invisibles pour ne pas entraver la quête des poètes du cosmos. Autant dire que le conquérant des étoiles ne fait pas l'unanimité chez les amoureux de l'univers.

Quatrième partie

Le monde selon Musk

« Il est possible que des gens ordinaires choisissent d'être extraordinaires. »

(Elon Musk)

Loin de se réduire au seul domaine de la bulle spatiale de SpaceX, les compétences et les intérêts d'Elon Musk sont multiples et variés. Car tout ce qui est novateur en matière de technologie avancée interpelle le natif de Pretoria. Avec, toujours, cette obsession d'en faire profiter le plus grand nombre grâce à des prix et à des tarifs défiant toute concurrence. Notamment dans le domaine très avant-gardiste des transports. Elon entend ainsi refermer l'ère du pétrole et de la pollution atmosphérique en développant le marché des voitures électriques bon marché, comme l'atteste la montée en puissance de la société Tesla, ou en mettant au point un bolide sous tube plus rapide qu'un avion de ligne. Baptisé Hyperloop en 2013, ce train révolutionnaire foncera à près de 1 200 km/h et deviendra, au dire d'Elon, le nouveau mode de transport de masse d'ici trente ans. Fini la pollution, la nuisance sonore, les caprices météo, l'Hyperloop s'affranchirait de toutes les contraintes actuelles de l'aéronautique et réconcilierait la technologie high-tech avec la protection de la nature. Excentrique et implacable, Elon Musk n'en est pas moins un idéaliste doublé d'un pragmatique. Désormais, il lui faut convaincre un monde incrédule que le cauchemar du pétrole à tout-va est sur le point de disparaître. Si le visionnaire imprévisible rencontre de plus en plus de détracteurs, ses admirateurs sont encore plus nombreux.

13

L'impensable pari de la voiture électrique

« Elon a poussé Tesla bien plus loin que tout ce que nous pouvions imaginer. »
(Marc Tarpenning, cofondateur de Tesla)

Incontestablement, l'autre pilier de la carrière d'Elon Musk est Tesla, l'entreprise qui a fait le pari de la voiture électrique. Sans en être ni le concepteur ni le fondateur, le patron de SpaceX a contribué à son développement et à son succès. De par son enthousiasme et son opiniâtreté, Musk a fait d'un rêve de gamin une alternative réaliste dans l'univers de l'automobile.

Tout a commencé par une triple rencontre, en 2003, celle de Jeffrey Straubel, un ingénieur de Stanford qui ne jure que par les batteries de lithium-ion, et de deux industriels ambitieux, Marc Tarpenning et Martin Eberhard, les créateurs d'une petite start-up, Tesla Motors. Comme le patron de SpaceX, ces trois hommes férus de technologie high-tech veulent refermer la page du tout-pétrole et réinventer le monde de la route. Mieux encore, créer une nouvelle entreprise automobile faisant pendant aux reines de Detroit ; un pari audacieux quand on sait que la dernière création industrielle dans ce domaine, celle de Chrysler, date de près d'un siècle.

En février 2008, les partenaires d'Elon Musk parviennent cependant une première fois à leurs fins en présentant un véhicule tout-électrique à deux portes, le Roadster. Les milliardaires californiens en raffolent. Quatre ans plus tard, les aventuriers de Tesla Motors rempilent, avec la sortie de leurs usines d'une nouvelle berline de luxe, la Model S. Un vrai bijou électronique résumant les derniers progrès en matière d'informatique. Assurément, un nouveau géant de l'automobile est né…

L'aventure commence dans un restaurant de poisson

Une voiture propre, silencieuse et bon marché : Elon Musk l'a fait, elle s'appelle la Model Y, 100 % électrique, et est produite en série par l'entreprise multinationale Tesla. Aujourd'hui, Tesla emploie près de 50 000 personnes dans le monde et plus de 10 000 voitures sortent de ses usines chaque semaine. En 2019, le nombre de véhicules produits dépassait déjà les 500 000 exemplaires et ses usines géantes étaient implantées sur trois continents. Une performance ? Plus encore, un exploit technologique. Il y a tout juste vingt ans, l'entreprise Tesla n'existait pas et le concept de voiture électrique habitait une poignée d'ingénieurs californiens jugés loufoques par leurs collègues. Jusqu'au jour où l'un d'entre eux a croisé la route d'Elon Musk.

Nous sommes en août 2003, dans un obscur restaurant de poissons de Los Angeles. « Tout le monde m'avait dit que j'étais dingue, mais Elon a adoré l'idée », raconte Jeffrey Brian Straubel, un diplômé de Stanford ultra-branché sur le potentiel à venir des voitures électriques. Pourtant, la conversation est mal engagée. Musk montre des signes d'agacement, surtout quand Straubel aborde maladroitement le thème de l'avion électrique. Mais le visage du créateur de SpaceX s'éclaire soudainement au moment où son interlocuteur évoque son sujet fétiche : la voiture électrique. Elon est en effet un passionné d'automobile et de vitesse. En cet été 2003, le garage du patron de SpaceX abrite déjà cinq voitures ; parmi elles, une super McLaren F1 capable d'atteindre une vitesse de pointe de 386 km/h[1]. La conversation entre les deux hommes prend alors une autre tournure. Les progrès évoqués par Straubel en matière de batteries lithium-ion captivent particulièrement notre amoureux de la high-tech. Jusqu'à présent, estimait Musk, presque rien n'avait été fait en matière de voiture électrique, et les rares exemplaires existants étaient des voitures ridicules ne franchissant pas plus de cinquante kilomètres.

À n'en pas douter, Musk et Straubel sont sur la même longueur d'onde, ils veulent en finir avec la prédominance des hydrocarbures et bâtir un avenir plus propre, plus harmonieux et plus respectueux de la nature. Souvenons-nous aussi du « devoir » de Musk à la fac de Wharton School[2]. À l'époque, en 1994, le jeune Elon, tout juste débarqué en Amérique, était déjà obsédé par la nécessité de réduire la part du pétrole dans les énergies à venir[3]. En face de notre entrepreneur visionnaire, l'homme de trente-huit ans n'est pas non plus le dernier venu. Diplômé en génie énergétique, Jeffrey Brian Straubel est un bricoleur multifonctionnel doublé d'un inventeur hors pair. Dès septembre 2002, l'ingénieur de

1. Elon Musk s'est même crashé en l'an 2000 avec sa McLaren (voir chapitre 3, p. 44). Le fougueux entrepreneur se serait finalement séparé de son bijou roulant en 2007, estimant sa McLaren non conforme à ses objectifs de protection de l'environnement.
2. « Le Soleil sera découvert demain. »
3. Voir chapitre 2, p. 34.

Stanford a acheté une Porsche à un prix dérisoire pour la transformer en un splendide « bolide électrique ». Résultat, le véhicule en question a battu le record du monde de vitesse sur 400 mètres pour une voiture sans essence : 17,28 secondes. Même si Musk ne lui promet que 10 000 dollars au lieu des 100 000 requis pour son projet, Straubel ressort de son déjeuner conquis par sa rencontre et complètement ragaillardi. Mais ce que l'ingénieur de Stanford ignore encore, c'est l'existence de deux autres surdoués du génie énergétique qui ont parié eux aussi sur l'avenir de la voiture électrique en utilisant les batteries lithium-ion des ordinateurs portables. Répondant aux noms de Martin Eberhard et de Marc Tarpenning, les deux ingénieurs californiens ont récemment créé une start-up appelée à un grand avenir, Tesla Motors[1]. Tout comme Straubel, les deux quadragénaires ont tout misé sur le développement des batteries lithium-ion…

En finir avec le pétrole !

Née en juillet 2003, la société d'Eberhard et de Tarpenning était partie de rien après avoir embauché toute une bande de jeunes chercheurs en mal de nouveautés technologiques. Le nom de leur société ? Un hommage tout simplement rendu à l'inventeur de génie Nikola Tesla[2], créateur, entre autres, du premier moteur à induction sur courant alternatif. À l'instar de

1. Tesla Motors devient Tesla à compter du 1er février 2017.
2. Mort en 1943, l'ingénieur américain d'origine serbe serait l'auteur d'au moins trois cents brevets. On lui doit aussi beaucoup dans le domaine des communications radio sans fil, du radar et des robots télécommandés. Thomas Edison se serait attribué la paternité de quelques-unes de ses inventions.

Musk au moment de la création de Zip2 en 1995[1], sans argent et sans local, Eberhard et Tarpenning se sont implantés dans un logement spartiate planté en plein cœur de Menlo Park, là même où la McLaren de Musk avait fait un vol plané en l'an 2000. Créer une entreprise automobile *ex nihilo* ? Une folie au pays où la voiture est reine et où quelques grands groupes accaparent le marché. Et comment fonder une société d'automobiles de toutes pièces quand tout manque, le matériel et surtout les moyens financiers ? Les deux créateurs de Tesla Motors savent pourtant pertinemment que les voitures ne sont plus conçues « des pieds à la tête » par les entreprises automobiles. « BMW ne fabriquait ni ses pare-brise, ni ses garnitures, ni ses rétroviseurs, constate amèrement Tarpenning... Les grands constructeurs ne conservaient que les recherches sur la combustion interne, les ventes et le marketing ainsi que l'assemblage final. Nous pensions naïvement pourvoir obtenir nos pièces auprès des mêmes fournisseurs[2]. »

À défaut d'argent et de matériel, les ingénieurs de Tesla ne manquent pas d'imagination, privilège des visionnaires. Ainsi Eberhard et Tarpenning conçoivent-ils leur premier modèle de voiture haut de gamme en installant leur moteur électrique sur un châssis de Lotus Elise. Pour vendre leur voiture électrique en direct sans passer par des partenaires, les deux hommes cherchent un investisseur capable de leur faire confiance. C'est alors qu'un nom circule dans la Silicon Valley : Elon Musk, l'homme aux 180 millions de dollars depuis le coup de poker d'eBay...

1. Voir chapitre 3, p. 43.
2. Propos relatés par Ashlee Vance, *op. cit.*

En ce printemps 2004, la société SpaceX n'en est encore qu'à ses balbutiements, aucune fusée Falcon n'a déchiré le ciel du Pacifique et les voyages vers Mars sont une lubie de fanatiques de l'espace jugés marginaux et trop rêveurs aux yeux des bien-pensants. Mais voilà, trois ans plus tôt, au cours de l'été 2001, Eberhard et Tarpenning avaient assisté à un débat passionné entre Musk et Zubrin au sujet de l'envoi hypothétique de souris sur la planète Mars. Moins que le projet, c'est surtout l'exaltation, le culot et l'imagination d'Elon Musk qui avaient séduit nos deux invités de la Mars Society. Quand ils apprennent que le défenseur des « souris de l'espace » est le détenteur de plusieurs dizaines de millions de dollars depuis le rachat de PayPal par eBay, le sang des deux ingénieurs de Tesla Motors ne fait qu'un tour : un homme capable de concevoir un tel projet, celui des « souris martiennes », ne peut qu'être sensible à l'avenir de la voiture électrique, une idée tout aussi folle ; Musk serait ainsi le bailleur de fonds idéal. Et les choses de s'accélérer. Prenant rapidement l'avion pour Los Angeles, Tarpenning rencontre le créateur de SpaceX. Le courant passe immédiatement. « Je suis avec vous », proclame Elon. Tout comme avec Straubel quelques mois plus tôt, l'idée de se débarrasser du pétrole à tout jamais conquiert l'esprit aventurier de Musk.

Charmé par le concept d'une nouvelle automobile non polluante dont les performances techniques n'auraient rien à envier à une voiture de sport classique, l'homme de tous les défis n'hésite pas un seul instant à investir pas moins de 6,5 millions de dollars dans le projet des ingénieurs de la jeune entreprise. Mieux encore, le patron de SpaceX devient le président du conseil d'administration de Tesla.

Peu après sa rencontre avec Tarpenning, Musk téléphone à Straubel pour l'inviter à les rejoindre. Tesla ? L'homme qui ne jure que par les batteries au lithium n'en a jamais entendu parler. D'abord étonné d'apprendre son existence, puis déçu de ne plus avoir le monopole de l'idée de la voiture électrique, l'ingénieur de Stanford intègre néanmoins la jeune équipe de Tesla. Son enthousiasme l'emporte sur son scepticisme. À l'instar d'Eberhard et de Tarpenning, Straubel est lucide et pragmatique : il ne peut se permettre de faire abstraction de l'argent de Musk. Au printemps 2004, c'est chose faite. Ainsi naît le trio gagnant du pari tout-électrique. L'aventure Tesla prend son envol…

Une voiture électrique conçue à partir d'une Lotus Elise

Changement de statut, changement de lieu – fort de l'appui financier de Musk, Tesla Motors déménage ses bureaux à San Carlos, au 1050 de la Commercial Street. Un local de mille mètres carrés. Sans être énorme, cet espace contiendra à la fois les bureaux et la future usine d'assemblage. À l'exemple des ateliers de SpaceX, tout doit être élaboré sur place, des moteurs au système des batteries en passant par le soudage des pièces métalliques, la fabrication des tableaux de bord et l'installation des pare-brise ou des rétroviseurs.

Les aventuriers de Tesla, alors dix-huit salariés, s'ingénient à utiliser le châssis de la Lotus Elise, qu'ils rallongent de douze centimètres, pour élaborer leur futur modèle de voiture électrique. Après avoir installé leur système de batteries à l'arrière du véhicule, les ingénieurs commencent leurs travaux en octobre 2004. Quatre mois plus tard, le 27 janvier 2005, c'est chose faite : la première voiture sportive électrique, un Roadster, sort de l'usine de San Carlos. En apprenant l'exploit de ses ingénieurs, Elon Musk exulte. Résultat, le « fou de Mars[1] » investit 9 millions de dollars supplémentaires dans le projet Tesla Motors. Et les aventuriers de la voiture électrique de voir les choses en grand. Leur Roadster ne comportera pas moins de 6 831 cellules de batteries câblées en un réseau complexe au lieu des 26 de l'ancienne EV1, le véhicule électrique préhistorique de la General Motors[2].

L'idée des concepteurs du Roadster est au départ de conserver des cellules standard puis de les réunir en bloc pour ensuite les transformer en modules afin d'en faire des packs de batteries de grande capacité. Restent les risques d'incendie. Pour les ingénieurs de Tesla, c'est un véritable casse-tête. Si leur Roadster se révèle dangereux à l'utilisation, sa commercialisation s'en trouvera très compromise. Des mois durant, les gens de Tesla s'affairent alors à étudier tous les scénarios possibles d'explosion, quitte à sacrifier des milliers de batteries. En juillet 2005, le problème du feu est à peine résolu qu'un autre surgit : celui de la carrosserie de la Lotus. En bref, l'ancienne voiture, de conception britannique, est trop courte, trop lourde et pas assez confortable. Elon Musk, le premier, parle d'un critère incontestable pour sa future voiture électrique : il faut que sa femme

1. Dans le même temps, Elon Musk découvre les premières photos de Titan, le principal satellite de Saturne, prises par la sonde européenne *Huygens*. Pour nous parvenir, les images ont franchi plus d'un milliard et demi de kilomètres. Un exploit technologique jamais égalé qui encourage Musk à croire au futur de l'exploration spatiale.

2. Construite entre 1996 et 1999, cette première voiture électrique avortée de General Motors était uniquement destinée à la location et non à la vente.

Justine s'y trouve à son aise ! Pour alléger le poids jugé excessif du véhicule, l'équipe de Tesla opte ainsi pour la fibre de carbone, en lieu et place de la fibre de verre. Plus rigide, plus résistante[1] tout en étant plus légère que la fibre de verre, la fibre de carbone remporte ainsi tous les suffrages, de Musk comme de ses ingénieurs...

Moins d'un an plus tard, en mai 2006, Tesla présente devant la presse internationale son premier modèle électrique. De couleur noire, le Roadster est un cabriolet deux places capable d'atteindre les 100 km/h[2] en moins de quatre secondes. Baptisé « EP1 », de l'anglais « *engineering prototype one* », il séduit immédiatement Elon Musk, lequel investit 12 millions de dollars supplémentaires. Sans compter un quarteron de nouveaux investisseurs, tels l'informaticien Larry Page[3], Compass Technology Partners et l'entrepreneur immobilier Nicholas Pritzker. Au total, ce sont plus de 40 millions de dollars qui atterrissent dans l'escarcelle de nos nouveau-nés de l'industrie automobile.

Tout juste deux mois après la présentation du premier prototype, en juillet 2006, Tesla Motors rempile en présentant un nouveau modèle, cette fois de couleur rouge, nommé EP2. Il présente les mêmes

---

1. La fibre de carbone détient de nombreux atouts. Elle se démarque de la fibre de verre en offrant une plus grande résistance aux hautes températures (pouvant aller jusqu'à 215 °C contre 191 °C pour la fibre de verre). Par ailleurs, elle est dotée d'un potentiel de conductivité thermique. Cependant, la fibre de carbone étant aussi rigide qu'un bambou, une pièce imprimée avec ce filament composite ne supporte pas la flexion et se casse très rapidement.
2. Il peut aller jusqu'à 96 km/h pour être précis, une vitesse qui correspond à exactement 60 *miles*.
3. Cofondateur de Google.

caractéristiques techniques que le Roadster noir montré au mois de mai. À raison de 90 000 dollars pièce pour une autonomie de 400 kilomètres, les deux premiers véhicules électriques ne sont pas franchement abordables pour les classes moyennes ni commercialisables d'une manière générale. Pour la circonstance, nombreuses sont les richissimes personnalités qui se sont déplacées à San Carlos, à l'image de Michael Eisner, le patron de la Walt Disney Company, ou d'Arnold Schwarzenegger, l'acteur bodybuildé de *Terminator* devenu gouverneur de Californie. Séduits par la technique, le profil sportif et les performances des Roadster, une trentaine d'entre eux se disent prêts à en acquérir.

Pour Elon Musk, cet emballement des milliardaires est du pain bénit. Selon l'ex-Sud-Africain, si les personnalités de premier plan se disent intéressées par son produit high-tech, les gens moins fortunés suivront ; commencera alors l'ère de la démocratisation de la vente de ses véhicules électriques qui, au fil du temps, deviendront par conséquent plus accessibles au porte-monnaie de l'Américain de base. Toujours d'après Musk, le jour où les voitures électriques seront à la fois belles, performantes et largement autonomes, ce sera alors le crépuscule de l'Ancien Monde et des automobiles à essence. Martin Eberhard partage complètement l'avis de Musk : « Les téléphones portables, les réfrigérateurs, les téléviseurs couleur ne sont pas issus d'un produit bas de gamme pour les masses, déclare-t-il dans les colonnes du *New York Times*. Ils étaient au départ relativement coûteux et destinés aux gens qui avaient des moyens. » En lisant les propos d'Eberhard dans le quotidien, Elon Musk est vert de rage. Pourquoi ? Le cofondateur de Tesla a complètement passé sous silence son nom et son rôle au sein de l'entreprise Tesla…

Ainsi naît le Roadster… en 2008

Cette vexation inopportune du patron de SpaceX mise à part, Elon Musk peut être satisfait de son triple investissement. Depuis sa rencontre avec Straubel trois ans plus tôt déjà, l'entreprise Tesla a volé de succès en succès jusqu'aux tours de Detroit. En effet, dans la ville historique des grandes firmes automobiles, Chrysler, General Motors et Ford commencent à voir d'un mauvais œil ce nouveau venu dans l'arène de l'aventure automobile. Dès la fin du printemps 2007, Tesla a multiplié par vingt le nombre de ses salariés, c'est-à-dire en l'espace d'un an. L'aventure de la société automobile de San Carlos n'est pourtant pas un long fleuve tranquille. Au fil des mois, les ingénieurs de Tesla sont en effet confrontés à une avalanche de problèmes, à commencer par celui du système de transmission[1] du Roadster. En conséquence, la sortie officielle de la première voiture électrique d'Elon Musk est différée. Initialement prévue pour novembre 2007, elle est reportée de plusieurs mois. Sans compter les difficultés rencontrées dans les usines de batteries implantées à l'étranger, notamment en Thaïlande. Les locaux sont vétustes, le personnel incompétent et le climat exécrable. Un temps considérable est ainsi perdu à moderniser les installations, à instruire les équipes asiatiques et à protéger le matériel électrique de l'humidité ou de la salinité de l'atmosphère.

1. Autrement dit, le mécanisme transmettant la puissance du moteur aux roues. À l'origine, le Tesla Roadster devait être dotée d'une transmission à deux vitesses pour la première phase de production, mais elle ne permettait pas au véhicule d'atteindre les objectifs établis par le constructeur au départ, d'où la transmission à un seul rapport dans la « P1 ».

Les délais de production du Roadster sont d'autant plus allongés que les usines sont réparties un peu partout sur la planète. À seul titre d'exemple, les panneaux de carrosserie sont élaborés en France et le châssis en Angleterre dans les ateliers de l'usine Lotus ; les voitures sont ensuite acheminées par bateau jusqu'à Los Angeles. Toutes ces transformations et toutes ces manœuvres alourdissent la note finale. Résultat : le coût de fabrication d'un Roadster devient plus élevé que son prix de vente. « Apparemment, la fabrication de chaque Roadster pourrait coûter jusqu'à 200 000 dollars, alors que Tesla prévoyait de le vendre aux alentours de 85 000 dollars », souligne Musk avec dépit. Pour sauver Tesla, le milliardaire sud-africain va devoir savoir sacrifier jusqu'au dernier centime de sa fortune…

Février 2008. Le premier Roadster est livré dans une grande caisse en contreplaqué à l'usine de San Carlos. Les ingénieurs de Tesla sont surexcités comme des gamins découvrant leurs paquets de Noël au pied du sapin. Après avoir ouvert avec frénésie la caisse en question, les salariés de Tesla procèdent aux dernières vérifications. Équipé de batteries maison, d'un moteur AC Propulsion et d'un châssis en fibre de carbone (réalisé en France !), le premier exemplaire électrique de Tesla affiche près de 250 ch et peut pousser son moteur jusqu'à 200 km/h après avoir effectué une accélération à près de 100 km/h en moins de quatre secondes. Une performance inégalée pour une voiture électrique ! Comme il se doit, le premier à essayer le nouveau modèle électrique est Elon Musk en personne. Au volant de sa décapotable noire, le patron de SpaceX fonce tout sourire vers l'université de Stanford pour montrer son nouveau bijou…

Une voiture révolutionnaire à plus d'un titre

Le succès est immédiat. Malgré la crise financière mondiale, consécutive à l'implosion du marché des *subprimes*, Elon Musk tire son épingle du jeu. En l'espace de quatre ans, de 2008 à 2012, Tesla Motors vend près de 2700 exemplaires de son Roadster[1]. Et l'appétit des ambitions du Sud-Africain de croître avec ses succès. À peine un an s'est-il écoulé depuis la sortie triomphale du Roadster que Tesla présente un nouveau prototype tout-électrique, à savoir une berline de luxe à quatre portes dont la simplicité des lignes n'a d'égale que leur élégance. Le premier, Elon Musk insiste auprès de Franz Holzhausen, un ingénieur de génie de la Silicon Valley nouvellement arrivé chez Tesla, pour que la prochaine voiture soit utilisée par toute une famille, si possible un bolide à sept places. Pour abriter l'équipe d'ingénieurs s'affairant sur ce projet, une tente de près de trois cents mètres carrés est élevée dans l'enceinte même des ateliers de SpaceX. Régulièrement, Elon Musk leur rend visite. Et le moins qu'on puisse dire est qu'il n'est pas tendre. Quand ce n'est pas le look du pare-soleil beige qui le dérange, c'est l'ouverture des portes[2] ou encore la mobilité des sièges de la rangée intermédiaire qui pose problème. En termes clairs, la nouvelle voiture doit être spacieuse, commode et confortable pour tout un chacun. Tous les passagers doivent pouvoir s'y mouvoir, s'y installer et s'en extirper sans difficulté.

---

1. Entre-temps, Tesla a signé un partenariat avec Toyota et est entrée en Bourse le 29 juin 2010. Les actions grimpent de 41 % dès le premier jour. Depuis sa création en 2003, Tesla accusait 290 millions de pertes contre seulement 147 millions de recettes.
2. La nouvelle voiture électrique comporte des « portes en aile de faucon », selon l'expression d'Elon Musk.

« N'importe qui peut faire une voiture grande à l'extérieur, commente Elon Musk ; la difficulté, c'est de la faire grande à l'intérieur. » Outre la récurrence des défauts techniques, l'imprévisible entrepreneur tempête en particulier contre l'absentéisme, la mauvaise volonté ou encore le retard pris dans la programmation du futur véhicule. Les salariés de Tesla Motors travaillent pourtant jour et nuit, n'hésitant pas à sacrifier leur weekend pour être prêts le jour J. Le 22 juin 2012, à Hawthorne, les premiers exemplaires de la nouvelle berline électrique sont montrés à la presse.

« Révolutionnaire » : le mot n'est pas galvaudé quand on regarde la nouvelle voiture sortie des locaux de Hawthorne. Légère, silencieuse, confortable, familiale, hyperconnectée, cette voiture construite en aluminium est une invitation sur les routes du futur. En guise de tableau de bord, un écran tactile de dix-sept pouces. À l'exception de la boîte à gants et du déclenchement des feux de détresse, toutes les commandes et les fonctions du futur bolide de luxe se trouvent réunies sur l'écran en question. Pour les conducteurs, ce sera un enchantement. Répondant au nom de « Model S », cette voiture Tesla pourra parcourir 435 kilomètres avec une seule charge. Moins de trois ans après sa conception, en ce premier jour de l'été 2012, la voiture révolutionnaire est donc présentée à ses éventuels acheteurs. La Model S est immédiatement décrite par le chercheur Craig Venter comme un véritable « ordinateur sur roues ». Aux yeux de bien des observateurs, la Model S est l'équivalent automobile de l'iPhone. L'aventure Tesla prend son essor…

14

Au cœur de l'aventure Tesla

« Elle change tout pour le transport.
C'est un ordinateur sur roues. »

(Craig Venter, biologiste, à propos de la Model S)

Si l'œuvre de SpaceX et la course aux étoiles constituent le principal cheval de bataille de notre brillant entrepreneur, Tesla fait figure de véritable défi technologique et commercial dans le grand dessein d'Elon Musk. Toujours en pariant sur des prix ultra-bas pour attirer le plus grand nombre. À commencer par le tarif des batteries. Dès le 22 septembre 2020, lors du « Tesla Battery Day », Elon Musk annonce une voiture électrique à 25 000 dollars hors taxes pour une autonomie de 320 kilomètres, ainsi qu'une nouvelle cellule de batterie plus grande et plus puissante. L'heure est aussi à la simplification de la fabrication, tant des voitures que des batteries. L'approvisionnement des matériaux est aussi une préoccupation majeure de Tesla, laquelle parie surtout sur le silicium et le nickel, très présents dans le sous-sol américain.

Fort de son dernier succès spatial avec l'amarrage de la capsule Dragon à l'ISS, le double patron de SpaceX et de Tesla évoque désormais une batterie d'une autonomie exceptionnelle d'un million de kilomètres.

En somme, l'ère du pétrole est morte, mais elle ne le sait pas encore !

À n'en pas douter, après la conquête de la planète rouge, Elon Musk entend séduire notre planète bleue en commercialisant sa voiture électrique dans le monde entier. Le marché de l'énergie propre a de beaux jours devant lui. Si Elon ne devine pas le futur, il le réinvente en permanence…

« C'est la machine qui construit la machine »

Tesla Motors n'est pas seulement un défi commercial, la société est un avant-goût du monde de demain. Une nouvelle vision du monde en quelque sorte, un idéal post-pétrolier qu'Elon entend imposer au reste de la planète. En septembre 2012, soit seulement une saison après la présentation de la Model S, Elon Musk affiche ses ambitions : faire de Tesla l'entreprise automobile la plus rentable du monde, en axant ses recherches dans trois directions : l'optimisation du rendement, la réduction des coûts de fabrication des batteries et la simplification du processus de production de ses véhicules. Un pari industriel qui entend toucher le public de masse en octroyant une plus grande autonomie à ses véhicules et en accélérant le temps de recharge. Son objectif est d'accélérer la transition mondiale vers un schéma énergétique durable, en rendant de plus en plus accessibles les véhicules électriques et les solutions énergétiques.

Dans cette perspective, Tesla ambitionne de réduire sensiblement les prix de ses voitures, notamment en créant de gigantesques usines à batteries de lithium-ion en Amérique du Nord dans un premier temps, puis sur les autres continents. À l'inverse des autres constructeurs automobiles, comme Renault, qui veulent baisser le prix de leurs véhicules en vendant un grand nombre de voitures, Elon Musk veut réduire le prix de ses modèles en produisant des batteries en masse. Un véritable choc d'offres en quelque sorte. En somme, qui veut contrôler la voiture électrique doit d'abord contrôler la chaîne de production de la batterie. D'après l'homme qui veut décrocher Mars, les jours du pétrole sont désormais comptés ; très prochainement, d'ici 2030, le nombre de voitures électriques sur les routes l'emportera sur celui des voitures thermiques, Elon Musk en est intimement convaincu. Il parle même de 20 millions de véhicules produits par an. Au début des années 2010, les voitures électriques sont relativement chères par rapport aux voitures à essence, principalement en raison du coût élevé des batteries. Dans leurs laboratoires, les ingénieurs de Tesla s'ingénient alors à fabriquer des batteries 100 % écologiques, dotées d'un cycle de vie très long et pourvues d'une autonomie correcte. Ils s'efforcent en particulier de réduire l'échauffement des batteries pour éviter tout court-circuit en modifiant quelque peu leur architecture.

Bientôt, affirme Elon, ses voitures pourront relier Los Angeles à New York sans perdre la moindre goutte d'essence. Elles pourront même relier les deux villes sans recharger leurs batteries. À son actif, la construction de six premières stations de bornes de recharge ultrarapides appelées les superchargeurs[1], notamment en Arizona, au Nevada et en Californie dès la fin de l'été 2012.

Deux ans plus tard, en juin 2014, Tesla Motors débute l'édification de la première grande usine de

1. Pour la France, il faut attendre l'année 2014 pour voir le premier superchargeur à Auxerre.

batteries près de Sparks, dans le Nevada[1]. Un immense bâtiment qui sera alimenté par l'énergie solaire. « C'est la machine qui construit la machine », confie Elon Musk dans les colonnes du magazine *Wired.* Colossal, cyclopéen, muskien, le nouveau site est censé couvrir la consommation de plus de 500 000 véhicules électriques par an. Tous les éléments des véhicules, des batteries aux moteurs, du minerai de base[2] jusqu'à la voiture achevée, seront construits sur place. Même Panasonic Corporation, le partenaire japonais de Tesla Motors, fabriquera ses précieuses piles sous le toit de l'immense usine. Ainsi naît la Gigafactory 1[3] de Reno, l'un des édifices industriels les plus vastes de la planète.

Bienvenue dans l'ère des gigafactories

Automne 2014. Un grand chantier doublé d'un grand défi industriel et commercial. Bâtie en plein cœur du désert du Nevada (pour bénéficier à fond de l'énergie solaire), non loin de la fameuse « zone 51 », la Gigafactory de Reno est l'usine de tous les records. Sa superficie ne devrait pas couvrir moins d'un million de kilomètres carrés, soit cent trente terrains de football[4].

1. Entre-temps, la Model S se vend comme des petits pains. De quelques centaines d'exemplaires sortis en 2012, la production passe à plus de 22 000 exemplaires à la fin de l'année 2013 avant de doubler encore deux ans plus tard. La même année sort la Model X, une autre berline de luxe de Tesla qui connaît un succès aussi foudroyant.
2. À l'instar du silicium, du lithium, du nickel, du cuivre, de l'aluminium ou du cobalt.
3. Le nom de Gigafactory dérive du grec *giga*, le préfixe d'unité de mesure correspondant au milliard. À compter du 30 avril 2015, Elon Musk baptise l'usine de batteries du Nevada Gigafactory 1.
4. Soit l'usine la plus vaste du monde, bien avant celle de Boeing à Everett (environ 400 000 m^2).

À l'intérieur, l'heure sera au respect de l'environnement. Fini les chaînes de montage crasseuses, les murs seront d'un blanc immaculé et le sol brillera comme celui d'un laboratoire flambant neuf. À elle seule, la mégastructure produira trois fois plus de batteries que l'ensemble de la planète. Vue du ciel, l'immense usine recouverte de panneaux solaires ressemblera à un diamant, si ce n'est à un gigantesque microprocesseur. Tandis que les ingénieurs occuperont les bureaux, l'ensemble de l'usine sera automatisé et une armée de robots fera le gros du travail. Dans cette perspective, les lignes d'assemblage s'occuperont de la conception à la fois des cellules cylindriques, de la taille d'une pile standard et du pack batteries avec connexion et système de gestion. Seules les matières premières – lithium, cobalt et graphite – seront acheminées quotidiennement par le train.

Tout cela dans une seule optique : diviser par deux les coûts de production. En construisant toutes les pièces, en les assemblant au même endroit et en produisant en très grandes quantités, Musk entend baisser de 30 % le prix de ses batteries, baptisées *powerpacks*.

En l'espace de six ans, les travaux de l'usine géante vont engouffrer près de 6 milliards de dollars, tandis que plus de 7 000 salariés grouilleront sous un immense toit en forme de joyau. Pour financer son projet titanesque, Tesla a bénéficié de l'aide de l'État du Nevada, à raison de plus d'un milliard de dollars de subventions[1] sous forme de vingt ans d'exemption de taxes de vente.

1. Les subventions incluent 195 millions de dollars de crédits d'impôts transférables, que Tesla pourrait vendre. L'entreprise japonaise Panasonic Corporation a aussi investi 2 milliards de dollars dans la Gigafactory après un accord conclu avec Tesla en juillet 2014.

Nullement désintéressé, le gouverneur du Nevada, Brian Sandoval, espère tirer profit de cet investissement en misant sur l'énorme impact économique[1] qu'engendrera la fameuse Gigafactory 1 dans la région…

Le 29 juillet 2016, alors que les travaux sont loin d'être achevés (seuls 75 000 mètres carrés ont alors été construits !), a lieu l'inauguration de l'usine gargantuesque. Entre-temps, Tesla a lancé les travaux de la Gigafactory 2. Implantée à Buffalo, près de New York, cette usine spécialisée dans la fabrication des cellules photovoltaïques sera une mégastructure encore plus titanesque que celle du Nevada. Toujours soucieuse de préserver la propreté de notre planète, la nouvelle usine de Tesla évitera de faire appel aux énergies fossiles tout en prospectant le sous-sol même du Nevada à la recherche de ses principaux minerais ; elle sera aussi alimentée par une myriade de panneaux solaires et s'équipera d'un système de recyclage de l'eau…

À défaut d'ouverture à proprement parler de l'usine de Reno dès ce mois de juillet 2016, Elon Musk organise une soirée très arrosée où sont conviés une poignée de clients privilégiés. « Nous voulons vraiment changer le monde », déclare Musk devant un public conquis. Sans cravate et vêtu d'une simple veste kaki, l'homme de tous les défis annonce les futures étapes de son plan pour la Gigafactory 1. « Les batteries sortiront de l'usine plus rapidement que des balles d'une mitrailleuse », s'enthousiasme-t-il. Six mois plus tard, en janvier 2017, démarre la fabrication des batteries de lithium-ion. Entièrement automatisée, la méthode de construction desdites batteries s'inspire de celle des sodas et de la mise

1. Estimé, à tort ou à raison, à 100 milliards de dollars.

en bouteille; une conception sept fois plus rapide que ses homologues.

Robots ou pas, les salariés de Tesla travaillent comme des forçats. Tant et si bien qu'en décembre 2018, la production de la Gigafactory 1 du Nevada atteint un rythme de 10 000 packs de batteries par semaine. Fortes de l'appui de Panasonic Corporation, les équipes de Musk ont eu pour géniale idée d'automatiser la mise en place des cellules de batteries (à savoir des piles) au sein de blocs puis de modules grâce à l'utilisation massive des robots. Ces derniers ont ainsi réuni assez de modules pour alimenter la production des Model S et X[1]...

Leur nombre augmentant sensiblement, le coût des batteries est réduit d'autant. D'après Sam Jaffe, du cabinet Cairn Energy Research Advisors, le coût de production des cellules de batteries de Tesla dans l'usine phare de Reno ne dépasse pas 116 dollars par kilowattheure, soit un chiffre bien inférieur à celui de l'industrie classique, s'élevant à 146 dollars en moyenne. Par voie de conséquence, Tesla a la possibilité d'abaisser les prix de ses modèles. Comme le clame haut et fort Elon Musk, ses voitures vont devenir abordables au très grand public. À commencer par la Model 3, vendue dans un premier temps à 53 500 euros, entièrement conçue sous le toit de l'usine du Nevada. Dès la présentation des deux versions de la Model 3 en mars 2016, Standard et Long Range, plus de 400 000 exemplaires

1. La Model S est la première voiture électrique de série à disposer de batteries cylindriques 18650 que l'on trouve dans les ordinateurs portables. Si les modules comportent six blocs, les blocs contiennent 64, 74 ou 86 cellules cylindriques. Il faut 14 à 16 modules pour une batterie ou pack de Model S ou X. Une batterie de Model S de 75 kWh contient 6 216 cellules.

de la nouvelle voiture de Tesla sont précommandés par des clients en provenance du monde entier. Du jamais vu de mémoire de constructeur automobile.

Model 3, la nouvelle offensive de Tesla

Commercialisée aux États-Unis en juillet 2017 puis en Europe en février 2019[1], la Model 3 est pourvue d'une autonomie accrue, jusqu'à 580 kilomètres maximum, et passe de 0 à 100 km/h en l'espace de 3,2 secondes, une performance inégalée pour une voiture électrique. Le fruit d'une longue attente…

Effectuant sa première apparition publique sur le sol européen lors du salon international de Genève en mars 2018, et ce sans l'accord de Tesla, sur le stand de l'équipementier Caresoft[2], juste en face de Hyundai, la Model 3 est ensuite montrée aux Français à la faveur du Mondial de l'automobile à Paris en octobre 2018[3]. L'événement a lieu comme il se doit au parc des expositions de la porte de Versailles. Cette fois, la présentation de la voiture revêt un caractère officiel. Et le public parisien d'être conquis. *A priori*, rien de nouveau depuis la Model S. Une ligne élégante et sportive similaire, un grand écran tactile performant placé au centre, avec

1. Le 8 février 2019, la toute première livraison a lieu à l'usine Tilburg, aux Pays-Bas.
2. Une société spécialisée en ingénierie automobile. L'équipementier aurait acheté à prix d'or les Model 3 environ 100 000 euros par exemplaire. Une présence surprenante quand on sait que Tesla boude le salon suisse. L'objectif de la société Caresoft est clair : procéder à une sorte d'espionnage industriel en démontant et en analysant les voitures pour mieux revendre les informations techniques recueillies aux concurrents de la marque d'Elon Musk.
3. La Model 3 est disponible en France à partir du 4 janvier 2019.

une interface digne d'un smartphone et une conduite autonome grâce au système « Autopilot ». Et pourtant, la nouvelle Model est novatrice, si ce n'est révolutionnaire. Tout est bien sûr réglé informatiquement. Équipée d'un pack de batterie d'une capacité de 74 kilowattheures, concurrente directe des BMW et des Audi, cette nouvelle version de la berline électrique américaine intègre une pompe à chaleur, de nouvelles jantes et des finitions intérieures inédites. Parmi les accessoires nombreux, un pare-soleil pour toit panoramique, une station d'accueil pour smartphone à connexion rapide, des écrous antivol pour jantes, un tapis de sol tout temps, une bibliothèque multimédia en streaming, un navigateur Internet, etc. Certaines fonctions sont même totalement innovantes, à l'image de celle de la climatisation. Adaptée au temps extérieur, tantôt rafraîchie, tantôt réchauffée intérieurement, la voiture Tesla ferait ainsi office de réfrigérateur durant l'été et de radiateur pendant l'hiver !

Pour augmenter l'autonomie du véhicule, les ingénieurs de Tesla en ont réduit la masse en utilisant moins de pièces[1] ; seules trois pièces forment ainsi la structure principale. Pourvu d'un grand pare-brise, c'est un véhicule hyper-ouvert, hyper-dégagé, hyperconnecté. Dotée d'une prise CCS Combo 2, la berline électrique est par ailleurs compatible avec l'ensemble des réseaux de recharge rapide, comme l'atteste la connexion au réseau Ionity[2]. Le 30 décembre 2019, Tesla livre les premières

---

1. En réduisant la masse de 10 %, les techniciens augmentent l'autonomie de 14 %.

2. À compter du mois de novembre 2016, les constructeurs Audi, BMW, Mercedes, Ford et Porsche s'unissent pour monter un réseau de recharge payant et ultrarapide, jusqu'à 350 kW, destiné aux véhicules électriques en Europe. Les constructeurs originels

Model 3 tout juste sorties des lignes de production de la Gigafactory 3, une nouvelle usine géante construite en moins d'un an en Chine, à Shanghai.

Le jour de la batterie est aussi celui de la flatterie

Septembre 2020. Apparemment, Tesla a remporté son pari : avec 1 971 stations électriques à travers le monde proposant 17 467 bornes de recharges ultrarapides, les fameux superchargeurs, elle a inondé la planète de sa technologie hors pair et commencé à damer le pion au parc des véhicules thermiques[1]. Un succès ? Non, un triomphe. Compétitivité, durabilité, fiabilité, tel est le credo de Tesla pour la décennie à venir. Un succès aussi qui gêne. Car Elon entend passer par la vente directe, sans passer par les garagistes traditionnels, habitués à marchander avec leurs clients et à gagner leur vie grâce à des frais d'entretien exorbitants.

Fort de cette pénétration en force dans le grand marché mondial de l'automobile, à la manière de Steve Jobs lors des grandes heures des *keynotes* Apple, Elon Musk a promis l'une des « journées les plus excitantes de l'histoire de Tesla » en parlant de son prochain « Battery Day », ouvrant la porte à de nombreuses spéculations quant aux innovations qui pourraient être présentées. Le 22 septembre 2020 à Fremont[2], devant un public singulier uniquement composé de voitures[3] (occupées par

---

sont unis à parts égales dans cette joint-venture, mais les autres constructeurs automobiles sont invités à rejoindre ce réseau, à commencer par Tesla.

1. Et ce malgré une pénurie de batteries en 2018, un mauvais pas imputé à Panasonic.
2. L'usine Tesla de Californie.
3. Des Model Y, les dernières-nées des usines Tesla.

des actionnaires de Tesla!), Elon Musk, en t-shirt noir, expose les dernières innovations en matière de batteries, mais aussi la feuille de route concernant l'internationalisation de la production de ses véhicules. Perché sur son estrade, légèrement bedonnant, Elon Musk est accompagné par un certain Drew Baglino, lui aussi affublé d'un t-shirt noir, ingénieur responsable des batteries et moteurs de son état. En ce jour de grande révélation, Elon se contente de faire de grandes constatations. De *mea culpa*, nenni : l'heure est à la flatterie et aux présentations des futurs projets Tesla pour le monde. À son acolyte qui rappelle l*a priorité* de l'urgence climatique, Musk répond en soulignant ses préoccupations pour Tesla : « Nous n'avons pas encore de voiture abordable, mais nous en aurons dans le futur. » Et de poursuivre : « Nous devons faire baisser la courbe du coût du kilowattheure, qui s'aplatit presque ces dernières années. » Augmenter la capacité des batteries (devant s'évaluer en térawatts et non plus en gigawatts), assurer leur approvisionnement et faire baisser le coût des voitures électriques, tels sont les trois piliers des souhaits du Walt Disney de l'automobile. Confortablement installés dans leur Model Y, les actionnaires de Tesla appuient régulièrement sur leur klaxon pour saluer les annonces de leur grand maître.

Surtout, Elon Musk profite du « Battery Day » pour exposer sa dernière poule aux œufs d'or, une nouvelle batterie cylindrique capable d'augmenter l'autonomie de ses voitures de 16 %. Plus imposante que les anciennes versions[1], baptisée 4680, cette cellule de batterie new-look mesure 8 centimètres de long pour 4,6 centimètres de large. Outre une fabrication plus simple, la grande

1. À savoir les 2170, lesquelles équipent les Model 3.

nouveauté de cette cellule, c'est l'absence de languette de contact pour faire circuler le courant entre l'anode et la cathode ! Résultat, cette suppression résout en particulier les soucis thermiques constatés à la charge et à la décharge en réduisant la distance à parcourir par les électrons et donc les risques d'échauffement et d'incendie. Et Musk de ne pas s'embarrasser de superlatifs. Ces batteries 4680 produiront cinq fois plus d'énergie et dégageront six fois plus de puissance. Il en résultera inéluctablement une baisse des coûts au kilowattheure, une recharge plus rapide des véhicules et une autonomie plus longue.

Hormis la fabrication des batteries, Elon Musk aborde aussi la question des métaux utilisés. Priorité est ainsi donnée au silicium, censé stocker neuf fois plus de lithium. Le silicium[1] pourrait en effet à lui seul réduire le prix du kilowattheure de 5 %, et augmenter l'autonomie des voitures à hauteur de 20 %. Une révolution technologique ? Non, une anticipation, ou plutôt une adaptation aux temps à venir de l'industrie automobile.

Optimiser l'extraction du lithium dans le sous-sol américain n'est pas la seule option pour réduire les coûts de production. D'après Elon Musk, le continent nord-américain, à commencer par le Nevada, renfermerait suffisamment de lithium pour alimenter en électricité l'ensemble de l'US Navy ! Drew Baglino rappelle quant à lui que Tesla entend substituer le nickel au cobalt. Non seulement ce dernier est jugé trop polluant, mais ses

1. L'élément le plus abondant de la croûte terrestre après l'oxygène. Un handicap toutefois, le silicium se dilate et devient gluant après plusieurs cycles de recharge. Tesla prévoit alors d'utiliser du silicium brut puis de stabiliser la surface grâce à un revêtement élastique qui augmente l'autonomie de 20 %.

conditions d'extraction, souvent manuelles, violent les droits de l'homme[1]. Le nickel est un métal moins cher et surtout pourvu d'une plus grande densité énergétique. Son meilleur rapport prix/énergie en ferait un matériau de base incontournable pour le futur programme de véhicules de Tesla. Et Musk de plaider auprès des sociétés minières pour qu'elles extraient davantage de nickel. « Optez pour l'efficacité, clame le patron de Tesla du haut de son estrade. Tesla vous consentira un contrat géant pour une longue période si vous extrayez le nickel de manière efficace et respectueuse de l'environnement. J'espère donc que ce message sera entendu de toutes les sociétés minières... »

Pour Elon Musk, la substitution du nickel au cobalt est donc une nécessité et un devoir. En refermant la page du cobalt, pour des raisons aussi bien techniques et commerciales que pour des motifs humanitaires et écologiques, Elon Musk apparaît ainsi comme un entrepreneur avisé doublé d'un bon Samaritain. Pour rentabiliser l'utilisation du nickel et du silicium, notre ingénieux entrepreneur prévoit aussi de fabriquer ses cathodes *in situ*, une méthode efficace pour réduire d'autant plus le prix du kilowattheure, d'environ 12 %. Réduction, réduction, Elon et ses apôtres du « tout-électrique » n'ont que ce mot à la bouche. La raison ? « Il est absolument essentiel que nous fabriquions des voitures que les gens peuvent réellement se permettre d'acheter, affirme Musk. Le fait qu'elles soient

1. Le cobalt est souvent extrait manuellement au fond des mines, notamment au Congo. Des enfants et des adultes extraient ainsi le cobalt dans des tunnels étroits creusés manuellement, et sont exposés quotidiennement au risque d'accidents mortels. Ils peuvent aussi être affectés par de graves problèmes aux poumons.

abordables est la clé de notre évolution. » Les ingénieurs de Tesla entendent rendre leur future voiture high-tech accessible au grand public dans un proche avenir. Au plus tard en 2023.

Une journée « fantastique » qui déçoit les investisseurs

Le « Battery Day » ? Une folle journée selon les dires de ses organisateurs. Tant et si bien que les participants s'attendaient à entendre l'annonce de projets fantastiques. Résultat ? Un déluge d'annonces alléchantes, mais pas de véritable révolution technologique. Les inconditionnels de Musk s'attendaient, entre autres, à deux annonces spécifiques : le développement d'une batterie d'une durée de vie de dix ans ou plus et un objectif de réduction des coûts censé rendre le futur véhicule électrique de Tesla meilleur marché que les voitures à essence. Rien de tout cela n'a été annoncé. En conséquence, les aficionados de la marque et les investisseurs sont déçus. « Rien de ce dont Musk a parlé à propos des batteries n'est acquis. Il n'y avait rien de tangible », souligne Craig Irwin, analyste chez Roth Capital Partners.

Le soir même du « Battery Day », l'action de Tesla fait une chute prodigieuse à Wall Street[1]. En ce mardi 22 septembre, pas moins de 20 milliards de dollars s'évaporent en l'espace de deux heures après la clôture des marchés. Il n'en demeure pas moins qu'Elon Musk a déclaré que d'ici trois ans, une voiture grand public ne dépassant pas 25 000 dollars allait sortir de son usine de Shanghai[2]…

1. Le titre de Tesla clôture en retrait de 5,6 % et continue de reculer, de 6,9 %, dans les échanges d'après-Bourse.
2. Ce serait la Model C.

Si la fabrication et l'approvisionnement des batteries obsèdent Tesla, la structure de ses futurs véhicules préoccupe tout autant ses ingénieurs. L'objectif principal des disciples d'Elon est de réduire singulièrement le nombre d'étapes de la fabrication des voitures. Comment ? D'abord en utilisant beaucoup moins de pièces que pour les modèles précédents. Grâce à la Giga Press, l'arrière de la Model Y est ainsi monté en un seul bloc au lieu des quatre-vingts éléments habituellement utilisés. Le coût en serait réduit de 40 %. Par ailleurs, le poids de la voiture est diminué de 10 % et l'autonomie s'élève de 14 %. Au total, à court terme, l'intégration des nouvelles batteries 4680, l'édification de nouvelles usines géantes[1], le pack batterie complètement intégré dès la conception du véhicule, l'utilisation de métaux adéquats et de cathodes adaptées au marché mondial générera une augmentation globale de l'autonomie des véhicules électriques Tesla de 54 %, tout en diminuant le tarif du kilowattheure de 56 %. Dès lors, les voitures électriques deviendront moins chères que les voitures thermiques. Et Musk d'annoncer un rêve, celui de lancer un modèle ne dépassant pas 25 000 dollars, soit une baisse de 10 000 dollars par rapport au prix habituel de la voiture électrique et autonome. En cet automne 2020, la Tesla la moins chère vaut encore 36 000 dollars…

Les rivaux contre-attaquent

En attendant l'heureux événement programmé au plus tard en 2023, le mois suivant le Battery Day, la

1. La dernière *gigafactory* en date, la quatrième de ce nom, est celle de Grünheide, construite à une trentaine de kilomètres de Berlin, en Allemagne.

Model 3 subit un ravalement de façade. De nouvelles roues, des poignées de porte noir mat, un coffre arrière motorisé, un volant chauffant, une pompe à chaleur pour le chauffage. Quoi qu'il en soit, tout ne va pas pour le mieux dans le monde de Tesla. Dès le 25 octobre 2020, la firme de Musk annonce qu'elle rappelle près de 30 000 véhicules fabriqués dans une usine de Shanghai, sous prétexte d'imperfections constatées au niveau des suspensions chez les Model S et X. D'après l'Administration d'État pour la régulation du marché (SAMR), ces défauts pourraient avoir de graves conséquences sur le plan de la sécurité et provoquer des accidents de la route. De leur côté, les autres constructeurs automobiles, de Volkswagen à Ford en passant par Daimler, Peugeot ou encore Citroën, ne veulent pas laisser la firme californienne prendre le large. Non seulement elles optent pour implanter au plus vite des bornes de recharge plus rapides (dès 2017 !), mais elles misent dorénavant sur le 100 % électrique.

Pour la seule France[1], même si le marché reste encore modeste (seulement 2 % des immatriculations en 2019), on ne compte pas moins de quarante-cinq modèles électriques. Parmi eux, bien sûr, la Tesla Model 3, mais aussi l'Audi e-tron, le Mercedes EQC, la Porsche Taycan, la Renault ZOE 2, la Peugeot e-208 ou encore la Volkswagen ID3.

Face à cette contre-offensive, notre ingénieux entrepreneur ne manque pas d'idées, comme le démontre le Cybertruck, un pick-up 100 % électrique présenté dès le mois de novembre 2019 à ses actionnaires, juste à

1. En France, seuls 43 000 véhicules électriques ont été vendus aux particuliers en 2019. La Renault ZOE reste leader des ventes, suivie de près par la Model 3 de Tesla.

côté des ateliers de SpaceX. De forme étrange, rappelant vaguement la Lotus Esprit amphibie de James Bond, le look de l'engin est proprement futuriste, comme l'atteste sa coque en acier inoxydable. Il serait pourvu d'une autonomie de 800 kilomètres grâce à une nouvelle génération de batteries fournie par la société Maxwell. *A priori*, les premiers exemplaires devraient être livrés à la fin de l'année 2021. 250 000 commandes auraient même été faites dès la présentation du projet. Et pourtant, la démonstration en direct a écopé d'un petit raté. Voulant prouver le caractère indestructible de son engin, Elon Musk a demandé à son designer en chef de lancer une boule de métal sur la vitre de son fameux Cybertruck pour en vérifier la solidité. Résultat, la vitre en question a littéralement explosé, laissant Musk quelque peu gêné devant cet événement inattendu. Autant dire que l'avenir de Tesla n'est pas encore écrit…

La France privée de gigafactory !

Été 2020. Elon Musk a tranché : il n'y aura pas de superusines de batteries de Tesla implantées dans les pays de Molière et de Shakespeare. Quand l'Angleterre paie la facture de l'incertitude du Brexit, la France effraie par le poids de sa fiscalité et surtout par son climat social. Pour couronner le tout, les deux pays font pâle figure auprès du géant allemand, lequel aurait une longueur d'avance sur le plan technologique.

Pour parler de la seule France, ce sont surtout les Français qui inquiètent Elon. À son humble avis, la France de Macron ne serait pas si attrayante que ça. Et pourtant, des années durant, notre pays, et en particulier l'Alsace, était considéré comme un pays idéal pour implanter une nouvelle usine géante de batteries.

Musk avait particulièrement songé à la frontière franco-allemande, quitte à installer la future *gigafactory* sur l'ancien site de l'usine nucléaire démantelée de Fessenheim. Une idée qui recevait un écho très favorable du côté de la députée socialiste Ségolène Royal, damant ainsi le pion aux villes candidates de Châteauroux et Melun. Apparemment, tout militait en faveur de cette option, à commencer par la proximité de l'usine d'assemblage Tesla établie aux Pays-Bas. Mais voilà, l'Allemagne voisine était autrement plus attirante. Aux yeux d'Elon Musk, l'Allemagne remportait la palme d'or en matière d'ingénierie, d'informatique et d'électronique. De surcroît, la patrie de BMW et de Mercedes bénéficiait d'une meilleure réputation que celle de Citroën et de Renault auprès des ingénieurs de la Silicon Valley. Et Angela Merkel avait précisé sa volonté de déployer un million de stations de recharge d'ici la fin de cette décennie. En vérité, on vous le dit, la France avait perdu la bataille de la voiture électrique.

15

Hyperloop, la dernière lubie d'Elon ?

« Nous sommes en train de changer le monde, de changer l'Histoire, et vous en êtes ou pas. »

(Elon Musk)

Hyperloop ? Un nom ésotérique qui cacherait un mode de transport futuriste s'affranchissant à la fois du bruit, du climat et de la pollution. Après les fusées réutilisables, le projet martien et les voitures électriques autonomes, Elon Musk conçoit désormais le train sous tube à grande vitesse. Le concept est révélé dès l'été 2012 au Pando Daily, tenu à Santa Monica, en Californie. Le fondateur de SpaceX le présente alors comme un cinquième mode de transport, outre les bateaux, les avions, les voitures et les trains classiques.

À l'instar de son projet Tesla, il s'agit de préserver l'environnement de notre planète tout en ne renonçant pas au progrès technologique. Après s'être attaqué au monopole des voitures thermiques, Elon entend substituer un nouveau mode de transport à l'aviation, un train qui filerait à plus de 1 200 km/h et serait capable de relier Paris à Marseille en l'espace de quarante minutes. *A priori*, Hyperloop se présenterait comme un curieux croisement entre le Concorde et un canon à propulsion électromagnétique qui n'utiliserait pas les rails et serait propulsé par un champ magnétique circulant dans un double tube couvert de panneaux photovoltaïques. Génial ou complètement utopique, Hyperloop ou entourloupe, plusieurs sociétés industrielles croient dur comme fer à ce projet pharaonique, à l'image de la société franco-canadienne TransPod. « C'est la vitesse d'un avion, avec la fréquence d'un métro », s'enthousiasme le Français Sébastien Gendron, cofondateur de TransPod. Une déclaration datant du printemps 2018…

Hyperl∞p[1] est en fait le mode de transport écolo le plus fabuleux pour le futur de l'humanité, qui, loin de bannir le progrès technologique et la vitesse, les déifie en véritables sauveurs de notre monde.

Sur les pas de Jules Verne

Un train magnétique filant à la vitesse du son dans un double tube : idée postmoderne ? Pas du tout, le concept remonte à plus de cent trente ans. Après *Star Wars*, Elon s'inspire cette fois de… Jules Verne ! Mariant habilement la prophétie et la poésie, l'auteur d'anticipation avait imaginé pour le futur à court terme des tubes pneumatiques dans lesquels les humains pourraient se déplacer à plus de 1 500 km/h au-dessus des océans. D'un rêve avant-gardiste, Elon Musk a pourtant fait une fiction technologique plausible pour les vingt prochaines années, une révolution ferroviaire digne de celle du « train à grande vitesse[2] ».

Depuis l'aube des années 2000, la course à la sustentation magnétique avait déjà donné le ton. Du

1. Écrit ici en mode stylisé.
2. Le train à grande vitesse, ou TGV français, lequel date de 1981.

Shinkansen au Maglev, les trains ultrarapides ont le vent en poupe, en particulier dans les pays asiatiques. Dès le 21 avril 2015, au Japon, un Maglev expérimental a ainsi atteint la vitesse record de 603 km/h. Un record qui fait pourtant encore pâle figure eu égard aux ambitions de l'Hyperloop…

Plus encore qu'en disciple averti de Jules Verne, Elon Musk se pose en héritier de George Stephenson, l'inventeur de la première machine à vapeur, un événement remontant à plus de deux siècles[1]. Depuis l'ouverture des premières lignes ferroviaires en Europe, la vitesse des trains a été multipliée par huit. Aujourd'hui, l'avenir du chemin de fer passe par l'absence de chemin de fer. En guise de rails, Elon Musk nous propose un tube dépressurisé où les wagons seraient propulsés par électromagnétisme. Un rêve de science-fiction devenu réalité au même titre que la navette spatiale, le laser, l'avion supersonique ou encore le cinéma en relief.

Estimant le coût de son train sous tube reliant Los Angeles à San Francisco à 6 milliards de dollars, une somme relativement modique comparativement à l'investissement prévu dans la ligne du train à grande vitesse, l'homme qui veut envoyer des hommes sur Mars officialise son concept le 12 août 2013. L'idée d'Hyperloop est ainsi publiée dans un article posté sur les sites respectifs de Tesla Motors et de SpaceX. Exposant son train du futur au travers de plusieurs schémas, Elon livre de nombreux détails techniques, notamment le look de l'engin, son coût, son mode de propulsion magnétique

1. Si la locomotive est née en Angleterre en 1814, il faut attendre l'année 1825 pour voir un train transporter des passagers entre Stockton et Darlington ; une voie ferrée longue de 40 kilomètres. En France, le premier train de voyageurs date de 1837.

ainsi que l'infrastructure nécessaire pour propulser les passagers à une vitesse supérieure à celle du son, quelques mètres au-dessus du sol. Désirant se concentrer davantage sur ses projets spatiaux et automobiles, Elon Musk déclare cependant vouloir s'occuper en personne de son train supersonique si aucun investisseur n'entreprend de s'engager pour le soutenir. L'ambitieux entrepreneur compte en particulier sur la production participative. Pour assurer le développement de l'Hyperloop, Elon Musk encourage l'aspect *open source* et collaboratif[1]. Volontairement, il n'a déposé aucun brevet...

Adieu les rails et les aéroports !

Hyperloop est synonyme de « double fin ». Il sonne à la fois le glas de l'ère du rail et de l'ère de l'avion subsonique. Trop bruyant, trop polluant, trop cher, l'aéronef appartiendra bientôt à des temps révolus. À en croire les partisans de Musk, bientôt, les anciennes gares et les aéroports seront des pièces de musée. Dans un avenir proche, se déplacer en avion sera l'apanage de privilégiés ou de gens nostalgiques du voyage aérien. En revanche, contrairement aux avions et aux trains, le principal obstacle à la circulation de l'Hyperloop est l'absence de réseaux et d'infrastructures. Il faudra en effet aux ingénieurs et aux techniciens tout créer, tout innover[2], des trains à proprement parler aux tubes

1. Procédé synonyme de liberté de création, l'*open source* vise à partager librement des données (plans de machines, logiciels), à les rendre accessibles à n'importe qui, pour qu'elles soient ensuite utilisées, voire améliorées. Un projet parfaitement adapté à l'économie du partage.
2. À un prix faramineux : on parle de 80 millions de dollars le kilomètre de tronçon.

sous vide en passant par les pylônes et les gares les accueillant. Sans compter les défis techniques prométhéens. En particulier, la très grande vitesse du train et la proximité des capsules de transport avec les parois nécessitent une linéarité du tube précise, de l'ordre du millimètre. Les tubes, posés sur pylônes, ne doivent pas être trop sensibles aux variations de température, lesquelles pourraient engendrer une série de dilatations et de contractions qui pourraient devenir préjudiciables, voire dangereuses, à long terme.

Mais à quoi ressemble ce futur conquérant des transports ? À première vue, à une énorme torpille qui foncerait à une vitesse supersonique une dizaine de mètres environ au-dessus des campagnes et traverserait nos contrées au travers de tubes transparents couverts de panneaux solaires. Le mathématicien français et député de l'Essonne Cédric Villani le qualifie de THV (« transport à hypergrande vitesse sous vide[1] »). Techniquement, il s'agit de faire circuler sur un coussin d'air des capsules de moins de trois mètres de diamètre alimentées par des batteries (une fois encore !) et actionnées par des électroaimants géants dans des tubes sous basse pression. Ces véritables moteurs à induction linéaire seraient ainsi placés à intervalles réguliers à l'intérieur des tubes vidés de leur air. Pour remédier à tout ralentissement, les parois des capsules doivent éviter toute friction avec le tube en question. Selon ses promoteurs, un tel système serait extrêmement rentable pour les citoyens lambda. Installé entre Los Angeles et San Francisco, le train de Musk permettrait de relier les centres de deux

1. Appellation apparue dans sa note rédigée en 2018 pour l'Office parlementaire d'évaluation des choix scientifiques et technologiques (OPESCT).

mégalopoles en moins d'une demi-heure, soit un trajet de 551 kilomètres effectué à plus de 1 100 km/h. Non seulement ce parcours serait plus rapide que celui de l'avion[1], mais il reviendrait à un tarif beaucoup plus accessible pour les passagers…

TransPod commence à Droux

Si génial que paraisse ce concept de train magnétique, il n'a jamais été protégé. Preuve en est le désir d'Elon de ne pas cacher son désir d'en référer à l'*open source*, comme nous l'avons signalé plus haut. Aussi ne doit-on pas s'étonner qu'un certain nombre d'entrepreneurs aux dents longues, à l'instar de Musk, aient voulu tenter l'aventure Hyperloop. À commencer par Richard Branson en personne, le patron charismatique de Virgin, qui lui aussi est « sur les rails ». En décembre 2017, dans le désert du Nevada (à deux pas de la Gigafactory 1), la société Hyperloop One, créée en 2014, a ainsi testé un premier « vactrain » en le propulsant à la vitesse de 387 km/h sur une distance de 500 mètres. L'essai était souterrain. Quoi qu'il en soit, l'idée d'Elon Musk est de concevoir un tunnel construit sur pylônes à l'intérieur duquel foncerait son bolide. Lancée en 2015, la start-up franco-canadienne de Toronto TransPod a emboîté le pas au fondateur de SpaceX. Leur idée première est d'expérimenter leur vactrain en France, plus précisément dans le Limousin. Crédible ou utopique, le 19 décembre 2019, le projet Hyperloop des Canadiens s'est quelque peu concrétisé après l'initiative du conseil régional de Nouvelle-Aquitaine de lui concéder une subvention de

1. Un Boeing parcourt cette même distance en 35 minutes à la vitesse de 885 km/h.

2 millions d'euros, mais à la seule condition de faire participer l'université de Limoges à cet immense défi. « Nous demandions que TransPod travaille dans le Limousin avec des laboratoires de recherche de l'université de Limoges, souligne l'entourage du président de région, Alain Rousset. C'est chose faite avec l'implication sur la technopole Ester de deux unités spécialisées[1]. » Selon Sébastien Gendron, le cofondateur de TransPod, 3 millions d'euros supplémentaires ont été levés en 2019 auprès de partenaires dont l'identité n'a pas été révélée. Le tout permettrait de démarrer à Droux[2], en Haute-Vienne, l'édification d'un centre d'essais avec une piste de 3 kilomètres, l'ensemble étant estimé au total à 20 millions d'euros. En août 2018, il était ainsi prévu de construire un tube en acier inoxydable long de 2,5 kilomètres pour tester le prototype du TransPod. Théoriquement, le centre devait être érigé sur un terrain mis à la disposition par la mairie de Droux et accueillir une vingtaine de chercheurs et d'ingénieurs. Résultat, plus de deux ans plus tard, au crépuscule de l'année 2020, rien n'a encore émergé du sol. Pour cause d'épidémie de Covid, tous les travaux et autres recherches ont été suspendus. Ainsi parlent les impondérables…

Le XXIe siècle sera Hyperloop ou ne sera pas

Le virus de Wuhan a-t-il eu raison du train supersonique ? Pour l'instant, le « diable de l'infiniment petit » a gagné la première manche. En attendant la fin du rail, les projets Hyperloop se multiplient. À les analyser, la

1. Jean-Pierre Gourvest, « TransPod prêt à lancer son Hyperloop dans le Limousin », *Les Échos*, 17 janvier 2020.
2. Petit village de 420 habitants, à une cinquantaine de kilomètres au nord de Limoges.

planète Hyperloop est pour demain. Plutôt que de se lancer dans l'aventure du train ultrarapide, Elon Musk[1] s'est contenté d'en énoncer le contenu et de laisser ses concurrents développer leurs projets. Et le moins qu'on puisse dire est que le fantasque créateur de SpaceX a fait des émules. Du Britannique Richard Branson à l'Américain d'origine allemande Dirk Ahlborn[2] en passant par le Canadien Ryan Janzen, le directeur général de TransPod, tous sont convaincus qu'à plus ou moins long terme, l'Hyperloop envahira la planète. Sans compter les start-up universitaires issues du concours Hyperloop Pod Competition régulièrement organisé par SpaceX[3]. Chacun a développé sa propre vision technologique. Tous sont d'accord sur les aspects suivants : moins polluant, moins bruyant, moins onéreux[4] et même plus sûr et plus rapide que l'avion, le train sous vide apparaît comme la seule alternative à ceux qui explorent les contrées du futur des transports. Avec une vitesse bien supérieure à celle des avions de ligne, ce vactrain pourrait non seulement relier les villes d'un même pays en un temps record, mais aussi les nations et les continents à la façon des avions actuels. Dans la ville

1. Elon Musk pense aussi développer le concept de l'Hyperloop sur la planète Mars.
2. Dirk Ahlborn est le directeur général de la société Hyperloop Transport Technologies (HTT), créée en 2013.
3. Un jury d'experts a jugé 115 projets soumis et en a retenu 30 pour une phase de tests, qui s'est déroulée en janvier 2017 à Hawthorne (Californie). Dans cette dernière étape, trois prototypes ont été sélectionnés pour un essai dans le tunnel créé par l'entreprise SpaceX.
4. Elon Musk insiste sur le prix relativement modique du futur billet, annoncé comme beaucoup moins élevé que celui des avions ou des trains actuels.

californienne futuriste et autosuffisante de Quay Valley, conçue pour être entièrement alimentée par l'énergie solaire, la Kings Country Ventures prévoit d'équiper tous les futurs habitants de voitures électriques et de voyager uniquement à bord des Hyperloop pour regagner Los Angeles ou San Francisco. Par ailleurs, il n'y aura plus de contrainte horaire, les passagers pouvant s'engouffrer dans les capsules quand ils le désirent dans la journée. Ainsi naîtra le métro planétaire…

Si tout se passe comme prévu, le premier Hyperloop digne de ce nom circulera dès 2028 en Inde. Un contrat arraché par Virgin aux gouvernements indiens du Maharashtra et du Karnataka. Pour revenir aux racines de cette aventure, il nous faut remonter à l'année 2017, après la signature du projet Original Project Proponent (OPP). Selon cet accord, l'Hyperloop en question pourrait relier Mumbai à Pune en moins de dix minutes, alors que les deux villes sont séparées de plus de 117 kilomètres. Quotidiennement, 75 millions de personnes font plusieurs heures de bus pour voyager entre ces deux mégalopoles. D'après les plans établis, le train supersonique indien devrait véhiculer près de 9 000 personnes par heure en utilisant 120 capsules, dont quelques-unes seraient destinées au transport de fret.

Hyperloop, une vision d'utopiste ? Non, un projet à la fois réaliste et nécessaire. Aujourd'hui, si aucun test grandeur nature n'a encore été effectué avec des passagers à bord, il n'en demeure pas moins que le train sous vide apparaît comme une alternative nécessaire et souhaitable aux modes de transport actuels. Même l'OPECST[1] le reconnaît : Hyperloop entre dans le

1. Office parlementaire d'évaluation des choix scientifiques et technologiques.

cadre de la vision écologique de notre futur proche. Non seulement il répond aux besoins de réduction des bruits et de décongestionnement des routes, mais son fonctionnement induit une grande économie de consommation de carburant. En misant sur ce mode de transport, Elon Musk obéit à « la logique d'un futur d'avance ». En vérité, on vous le dit, le XXIe siècle sera Hyperloop ou ne sera pas…

16

L'avenir inquiétant de l'intelligence artificielle

« L'intelligence artificielle est un risque fondamental pour l'existence de la civilisation humaine. »

(Elon Musk, 15 juillet 2017)

L'explorateur de l'avenir est insatiable. Non content de ses fusées réutilisables, de ses voitures électriques et de ses trains magnétiques propulsés sous tube, Elon Musk s'attaque aussi au domaine des robots et de l'intelligence artificielle. Fondées respectivement en 2015 et 2016, les sociétés OpenAI et Neuralink sont les deux piliers de ce nouvel axe de recherche technologique. Quand OpenAI se présente comme un concepteur de textes à partir d'un ordinateur, Neuralink travaille sur les implants cérébraux. Elon Musk entend ainsi pénétrer les esprits, et pas seulement au sens figuré. Quoi qu'il en soit, une fois n'est pas coutume, Elon Musk avance ici à pas feutrés vers le futur. Circonspect pour ne pas dire inquiet devant le développement de l'intelligence artificielle, le créateur de SpaceX craint qu'à long terme la créature n'échappe à son créateur, voire le domine. En d'autres termes, Elon Musk parle d'une véritable menace pour l'humanité, à croire que le film *Terminator* cessera bientôt d'être une fiction…

Neuralink, ou la naissance de l'homme-machine ?

2016. Treize ans après avoir lancé SpaceX, la société de la reconquête de l'espace, Elon cède à une autre lubie : celle de l'intelligence artificielle. Œuvrant au développement d'une interface cerveau-machine, les savants de Neuralink[1] introduiront bientôt des puces électroniques de la taille d'une pièce de monnaie dans le cerveau d'un être humain pour le connecter à un ordinateur. Mesurer en temps réel l'activité de nos neurones ? Tout un programme. L'opération chirurgicale s'effectuera à l'aide d'un robot ultrasophistiqué, une sorte de machine à coudre d'une précision extrême, spécialement conçue pour installer les différents composants électroniques dans votre crâne. Reliée aux électrodes, la puce de 23 mm sur 8 mm d'épaisseur sera capable d'interpréter les signaux neuronaux, puis de les transmettre par Bluetooth. La puce en question s'appuiera sur le Pedot, un polymère conducteur biocompatible, et elle abritera 1 024 électrodes. « C'est comme une Fitbit [montre connectée] dans votre crâne, avec de petits fils », s'enthousiasme Elon. Les premiers essais ne seront pas une sinécure, car il faudra au préalable qu'un chirurgien perce des trous minuscules dans la boîte crânienne sous anesthésie générale. Mais à plus lointaine échéance, un rayon laser pourrait accomplir le travail lors d'une opération aussi légère et indolore que celle de la correction de la myopie. Le tout restera malgré tout risqué, puisqu'il faudra éviter les vaisseaux sanguins.

1. La société Neuralink emploie 90 personnes. En 2016, cette start-up américaine neurotechnologique est cofondée par Elon Musk et une équipe soudée de huit personnes dont Ben Rapoport, Dongjin Seo, Max Hodak, Paul Merolla, Philip Sabes, Tim Gardner, Tim Hanson et Vanessa Tolosa. Son siège est situé à San Francisco.

Et pourtant, l'idée d'un implant de stimulation cérébrale n'est pas nouvelle ! Elle date de plus de trente ans. « La stimulation cérébrale profonde (SCP), qui consiste à stimuler le cerveau par des électrodes implantées, a été élaborée en 1987 par les professeurs Alim-Louis Benabid et Pierre Pollak du CHU de Grenoble, rappelle à propos le professeur de psychiatrie Mircea Polosan, chef de service psychiatrie au CHU de Grenoble et chercheur à l'Inserm, spécialiste des implants de stimulation cérébrale profonde. Les premiers essais ont été réalisés au départ pour traiter trois pathologies : le "tremblement essentiel", la dystonie et la maladie de Parkinson. »

La révolution muskienne est ici plus d'ordre technologique que conceptuelle. En d'autres termes, là où innove Elon, c'est dans la miniaturisation de l'implant. « Aujourd'hui, les systèmes actuels possèdent moins d'une centaine de contacts d'électrodes, en matériau semi-conducteur que l'on pose sur la zone cérébrale à stimuler. Ce n'est pas très souple ni très précis. » L'implant de Neuralink se compose de 1 024 « câbles » en polymères plus fins que des cheveux, flexibles, porteurs des microélectrodes souples qui enregistrent l'activité des neurones et les stimulent en retour de manière très fine, très précise et focalisée en fonction du signal enregistré au préalable… « Ce serait comme passer d'un appareil photo numérique à 300 000 pixels il y a quinze ans à 10 millions de pixels aujourd'hui. Ce système pourra contribuer au développement de la recherche en cours sur la stimulation adaptative, dépendante du signal pathologique enregistré au préalable[1] », explique encore le professeur Mircea Polosan.

1. Propos extraits de *Sciences et Avenir*, dans un article en ligne publié par Elena Sander en septembre 2020.

Des hommes, des machines… et des cochons !

En théorie, la puce ronde sera greffée dans notre tête, sans qu'il y ait besoin de passer une nuit à l'hôpital, et sans laisser de trace, si ce n'est une petite cicatrice sous les cheveux. Pour l'instant, en attendant d'effectuer leurs premières expériences sur des hommes, les neurochirurgiens de Neuralink ont trouvé un cobaye inattendu : la truie Gertrude. « Nous avons une truie en bonne santé, heureuse, timide au premier abord, mais manifestement très énergique et aimant la vie, elle a l'implant depuis deux mois », explique Elon à ses interlocuteurs. Au cours de l'été 2020, la truie Gertrude marche sur un tapis roulant, le groin dans une mangeoire accrochée devant elle, pendant que sa puce greffée retransmet ses signaux neurologiques correspondant aux mouvements de ses pattes. Pour les tests humains, Elon Musk affirme avoir reçu en juillet 2020 le feu vert de la Food and Drug Administration, à savoir l'agence de régulation sanitaire américaine, afin de poursuivre ses expériences[1].

Pour justifier ses recherches, le fondateur de Neuralink présente son implant cérébral comme le meilleur moyen de lutter contre les liaisons cérébrales et les maladies mentales.

Quand l'ordinateur se transforme en dieu thaumaturge

L'ambition d'Elon Musk et de ses associés est multiple, voire prométhéenne. D'aucuns diraient que le surdoué sud-africain se prend désormais pour le Christ ; par le biais de ses machines et de ses puces électroniques, l'homme de SpaceX et de Tesla veut ainsi à la fois rendre la vue aux aveugles et la parole aux muets, faire marcher

1. Il s'agit de la désignation *Breakthrough Device*, laquelle accélère le développement et l'évaluation des dispositifs médicaux.

les paraplégiques ou lutter contre le vieillissement du cerveau en rajeunissant les cellules. À long terme, le nouvel homme-machine n'aurait plus à souffrir de liaisons cérébrales, n'éprouverait plus de pertes de mémoire et se souviendrait des moindres détails de son existence. Dans un avenir relativement proche, Elon Musk en est convaincu, ses puces électroniques greffées dans le cerveau permettront à leurs propriétaires d'écouter du rock sans passer par un quelconque appareil, voire d'ingurgiter et d'assimiler toute une brochure sur la mécanique quantique en l'espace de quelques minutes. Les perspectives de l'implant de Neuralink sont en effet incalculables et prodigieuses. En somme, Elon Musk entend transformer le cerveau humain en une machine indestructible, voire flirter avec le mythe de l'immortalité. « Je pense que dans le futur on pourra enregistrer et voir nos souvenirs. Si l'on a un accès total au cerveau et que l'on arrive à décoder la mémoire, alors on pourra enregistrer, garder des sauvegardes, restaurer nos souvenirs et pourquoi pas synchroniser sa mémoire avec un corps robotisé », explique-t-il devant les caméras de France 2. À court terme, sans doute avant la fin de l'année 2022, voire le printemps 2023, le milliardaire « martien » espère avoir greffé son implant miraculeux chez une personne paralysée pour cause de lésion de sa moelle épinière. « Je suis certain qu'on pourra bientôt retrouver l'usage complet de son corps », précise « l'homme qui invente notre futur ». Et l'entrepreneur ambitieux de renchérir en annonçant la fin imminente des maladies neurodégénératives[1] et la disparition

1. L'implant pourrait aussi mettre un terme aux pensées obsessionnelles et aider à traiter les gens affectés de troubles obsessionnels compulsifs, les fameux TOC.

prochaine de l'autisme ou de la schizophrénie. Des propos grandiloquents qui ont tôt fait de faire réagir la National Autistic Society britannique, laquelle souligne son scepticisme en précisant que l'autisme n'est pas une maladie mais un problème d'identité. Aussi ne peut-on le soigner avec des implants de stimulation cérébrale.

Il ne faut pas croire pour autant qu'Elon Musk milite activement pour un développement rapide de l'intelligence artificielle. Bien au contraire. Tout en travaillant activement sur le sujet, le milliardaire met l'accent sur les dangers d'un progrès fulgurant de l'IA. Le leadership de l'homme sur Terre pourrait même être menacé. Preuve en est la mise au point du logiciel d'une autre start-up créée par Elon, GPT-3, une invention qui pourrait rendre obsolète notre intelligence créatrice elle-même en mettant au rancart tous nos poètes et nos romanciers.

GPT-3, le logiciel de la peur

Au mois de mai 2020, GPT-3[1], un générateur de textes fort de 175 milliards de neurones artificiels, est pondu par la société OpenAI, encore une start-up sortie de l'imagination fertile de notre explorateur de l'avenir. Il a été programmé sur l'un des dix plus puissants ordinateurs au monde, un *computer* appartenant à la société Microsoft. Pour apprendre à rédiger des textes, GTP-3 a ingurgité plus de 500 milliards de mots, l'équivalent de plus de deux millénaires du quotidien *Le Figaro*. Des mots et des phrases puisés généralement

1. GPT-3, pour transformateur génératif pré-entraîné. Le dernier logiciel de la société OpenAI, baptisé GPT-2, était sorti en février 2019. Le GPT-3 est réputé cent fois plus puissant que le précédent.

dans Wikipédia et dans de colossales bases de données collectées sur le Net. Aux dires de ses créateurs, le logiciel est tellement performant qu'il pourrait se substituer à un être humain lors d'une conversation anonyme sur Internet. Il aurait même le sens de l'humour et de la poésie ! Diable, que nous reste-t-il ? À l'origine, les chercheurs d'OpenAI souhaitaient simplement former le programme « à la prédiction du mot suivant dans une phrase ». Ils ont utilisé 40 Go de données issues de huit millions de pages sur le Net. Mais voilà que la créature échappe quelque peu à la main de son créateur. En termes clairs, en l'espace de quelques tests, le GPT-3 est devenu si performant qu'il imite à s'y méprendre l'écriture humaine, au point qu'il pourrait recomposer *Les Misérables* sous un tout autre scénario. « Avant, on pouvait distinguer des textes écrits par une machine de ceux écrits par des humains. C'est de plus en plus dur. Ces systèmes produisent du bois lissé, sans écharde[1] », commente François-Régis Chaumartin, président du Proxem, une entreprise spécialisée dans l'analyse sémantique des textes. « Techniquement, c'est compliqué. Conceptuellement, c'est simple. Je suis plus impressionné par la technologie que par la science derrière GTP-3 », constate de son côté François Yvon, chercheur à Orsay, au laboratoire d'informatique pour la mécanique et les sciences de l'ingénieur.

Le premier, le quotidien britannique *The Guardian* a pu tester les capacités exceptionnelles du logiciel. À partir de la première ligne de *1984* de George Orwell, le logiciel est parvenu à produire un paragraphe de science-fiction dystopique parfaitement cohérent. Le programme a aussi été utilisé par *The Guardian*

1. Cité par David Larousserie, *Le Monde*, 4 novembre 2020.

pour écrire un faux article d'actualité que le quotidien a publié dans ses pages intérieures. Le résultat est bluffant : aucune faute d'orthographe, une grammaire et une syntaxe exceptionnelles et un style à faire rougir les meilleurs écrivains. Pour couronner le tout, une kyrielle de citations bien placées dans le texte. On aurait vraiment cru que l'article avait été rédigé par un journaliste en chair et en os. Le plus inquiétant, pour ne pas dire le plus effrayant dans cette histoire, c'est la vitesse avec laquelle le logiciel d'OpenAI a pondu le texte : pas plus de quinze secondes !

En découvrant les résultats du test, loin de s'enthousiasmer comme à l'accoutumée, Elon Musk a au contraire décidé de suspendre les travaux de sa société. L'heure est en effet grave : et si l'intelligence artificielle balayait l'intelligence humaine de la surface du globe ?

Terminator, de la fiction à la réalité

Déjà, au cours de l'été 2017, Elon Musk s'était inquiété des risques d'un développement accéléré de l'IA. Il avait même réclamé au Congrès américain des mesures de sécurité pour réguler l'usage de l'intelligence artificielle. Trois ans plus tard, en juillet 2020, le double créateur de Neuralink et d'OpenAI met de nouveau l'humanité en garde : « Je n'arrête pas de tirer le signal d'alarme, s'inquiète l'entrepreneur, plus optimiste en temps normal, mais jusqu'à ce que les gens voient vraiment des robots tuer des personnes, ils ne sauront pas comment réagir, tellement ça leur paraît irréel. On devrait tous s'inquiéter de ces progrès. »

Pour celui qui voit le futur de l'humanité s'écrire sur d'autres planètes, l'homme risque non pas de disparaître, mais d'être dépassé par les machines. Pour Musk, tout va se jouer avant 2030, si ce n'est avant 2025, ce qui laisse vraiment un temps relativement court aux créateurs des futurs logiciels. Et Musk n'est pas le seul scientifique à jouer les Cassandre quant aux perspectives inquiétantes de la robotique et de l'ordinateur quantique. Récemment, en juillet 2020, des chercheurs de Stanford se sont montrés tout aussi alarmistes. D'après ces derniers, dès 2024, les robots nous dameront le pion dans le domaine de la traduction de textes, puis, en 2026, dans celui de la dissertation. D'ici 2050, nous n'aurons même plus besoin de camionneurs, de pilotes, de chirurgiens, ni même de romanciers. Et dans les cinquante années suivantes, c'est l'existence même de l'homme qui sera menacée, car les machines pourraient être tentées de l'éliminer. À croire que Terminator vient vraiment du futur !

Épilogue

Au cœur de la bulle privée d'Elon

« Elon est plutôt effronté et amusant.
Il est très tendre. Il est dévoué envers ses enfants.
Il est drôle, vraiment drôle. Il est très changeant.
C'est la personne la plus originale que je connaisse. »
(Talulah Riley)

Dans toute cette créativité résolument tournée vers le futur, sa vie privée peine à se frayer un chemin. D'aucuns diront qu'elle est chaotique. En l'espace de vingt ans, l'homme de tous les défis a connu quatre femmes, engendré sept enfants dont des jumeaux et des triplés avec la même femme, l'écrivaine à succès Justine Wilson, rencontrée sur les bancs de la fac de l'Ontario. Après huit ans de mariage, en 2008, Elon divorce de Justine et rencontre une jeune actrice dans un club prisé de Londres, une certaine Talulah Riley. L'idylle entre les deux jeunes gens est de courte durée. Mariés en 2010, séparés en 2012, réconciliés en 2014 puis de nouveau divorcés en 2016 : la relation avec la jeune actrice anglaise ne ressemble pas à un long fleuve tranquille. Entre-temps, Elon s'est même remarié avec Justine avant de la répudier une nouvelle fois quelques mois plus tard pour retrouver Talulah. Un vrai chaos sentimental. Depuis sa séparation avec la jeune Britannique, la vie privée d'Elon Musk n'en est pas moins explosive ; elle est rythmée par les scandales, les procès et les faits insolites. À l'intérieur de sa sphère privée, l'homme de tous les rêves connaît ses pires cauchemars. En témoignent ses relations aussi tumultueuses qu'éphémères avec l'actrice Amber Heard et la chanteuse Grimes. Elon est accusé à la fois d'adultère et de violence conjugale. Même le prénom de son dernier enfant a défrayé la chronique. Le 4 mai 2020, la naissance de « X Æ A-12 » a déchaîné la colère des chantres du « moralement correct ».

Tout commence sur les bancs de la Queen's University

Elon et les femmes, une passion tardive mais dévorante et cataclysmique. Adolescent, l'enfant de Pretoria est plus captivé par le design des voitures et des fusées que par la volupté et la sensualité des femmes. Sa vie sentimentale ne commence réellement qu'à l'âge de dix-neuf ans, à la faveur de son passage à la Queen's University, une faculté perdue au fin fond de l'Ontario. Il remarque alors une certaine Justine Wilson, une brunette séduisante à la fois sportive et intello[1]. Presque trop parfaite. À compter de cet instant, l'univers d'Elon se réduit à cette seule jeune femme aux jambes de gazelle et à l'esprit espiègle. La harcelant jour et nuit, il en oublie jusqu'à son travail et ses passions. Une obstination payante. « Peu à peu, il m'a eue », confie Justine au biographe Ashlee Vance. Dix ans plus tard, en janvier 2000, les deux tourtereaux de l'Ontario convolent en justes noces. Une première liaison longue de huit ans marquée par la venue au monde de jumeaux et de triplés, respectivement nés en 2004 et 2006, tous

1. Voir chapitre 2, p. 32.

conçus par fécondation *in vitro*. Répondant aux noms de Griffin, Xavier, Damian, Saxon et Kai, les enfants d'Elon et de Justine sont cinq garçons aussi beaux que brillants. Le bonheur des jeunes époux n'est pourtant pas total. Deux ans après leur mariage, en 2002[1], Justine et Elon ont dû pleurer la perte de leur premier enfant, le petit Nevada Alexander, frappé de la mort subite du nourrisson[2] après seulement dix semaines d'existence. Cette disparition a profondément et durablement ébranlé Elon. Quoi qu'il en soit, ce drame n'a pas miné la belle entente du couple. Bien au contraire. La passion entre les jeunes amoureux a pour seul ennemi le travail acharné de Musk. En l'espace de trois ans, les fusées Falcon vont torpiller l'union sacrée d'Elon et de Justine.

Le divorce le plus houleux d'Amérique ?

Au fil des ans, SpaceX et Tesla accaparent à un tel point leur entrepreneur que Justine se sent peu à peu délaissée. Seul labeur passionné a progressivement éloigné Elon de sa jeune femme, surtout au moment où le fondateur de SpaceX passe des journées entières pour ne pas dire des mois sur l'atoll de Kwaj. Qui plus est, Elon est d'une humeur massacrante. Les deux premiers lancements de sa fusée Falcon se sont en effet soldés par des échecs cuisants. À compter de l'année 2007, tout va de mal en pis ; tant et si bien qu'en juin 2008, Elon décide d'engager une procédure de divorce. D'emblée, la presse à scandale s'empare du sujet. Justine s'y décrit comme une simple potiche que son mari exposait lors des dîners mondains, en particulier lors des réceptions

1. Soit l'année même de la naissance de SpaceX.
2. Aujourd'hui encore, cette mort subite des bébés de moins d'un an reste inexpliquée.

démentielles organisées en grande pompe dans les boîtes de nuit huppées de Los Angeles, des réunions au cours desquelles les Musk avaient l'habitude de côtoyer le Tout-Hollywood, par exemple Leonardo DiCaprio ou James Cameron. Elle souligne ainsi que son mariage était malsain, Elon la dénigrait et la rabaissait à longueur de temps et lui recommandait de se teindre en blonde. Dans un article paru dans *Marie Claire*, la première femme de Musk n'hésite pas à critiquer l'attitude implacable et machiste de son mari. « J'étais sa Stater Wife[1]. » « Si vous étiez mon employée, je vous virerais ! » lui assénait régulièrement le milliardaire. Le jour même de la réception de son mariage, il lui aurait glissé à l'oreille : « Dans cette relation, je suis l'alpha. » Une réflexion qu'elle avait mise à l'époque sur le compte de sa culture afrikaner. Et le moins qu'on puisse dire est que l'image édulcorée de Musk en sort profondément ternie. Parlant ouvertement, Justine étale tout sur son blog, à commencer par ce qu'elle réclame à son époux.

Ses exigences financières sont à la hauteur de son désespoir et de sa frustration au terme de huit années de mariage. Outre 6 millions de dollars en liquidités, Justine exige une pension alimentaire, 10 % des parts d'Elon dans Tesla, 5 % de SpaceX, sans oublier un Tesla Roadster. De son côté, le double patron de Tesla et de SpaceX ne cache pas sa surprise. Dans les colonnes du *Huffington Post*, il explique qu'un accord postnuptial avait été conclu avec sa femme, spécifiant « une séparation des biens du couple qui lui donnait droit au produit de ses sociétés, tandis que Justine aurait droit au produit

1. En référence à la série télévisée américaine diffusée en 2007. L'héroïne de ce feuilleton est une divorcée de milliardaire.

de ses livres[1] ». Finalement, une transaction est conclue au terme de plusieurs mois de crise. Outre 2 millions de dollars, Justine hérite de leur maison commune, de 80 000 dollars de pension alimentaire et du Roadster. Satisfaite ? Pas vraiment. L'épreuve du divorce l'ébranle durablement. Qui plus est, sa déception et sa rage deviennent d'autant plus vives quand elle apprend la liaison de son intrépide mari avec une jeune mannequin britannique, Talulah Riley.

Rencontre pétillante au Whisky Mist

À peine divorcée de Justine Wilson, Elon Musk s'entiche d'une nouvelle femme, une jeune actrice britannique de vingt-deux ans rencontrée à Londres. La petite histoire débute dans un club huppé de l'élégant quartier de Mayfair. Suivant l'un de ses amis les plus chers dans le Londres de la nuit, un certain Bill Lee, Elon décide d'oublier les tracas de sa séparation en entrant au Whisky Mist, un bar très prisé par la jet-set londonienne[2], à deux pas des hôtels de luxe de Park Lane et Knightsbridge. Au cours de cette soirée aussi arrosée que déjantée, notre « fou de Mars » croise alors une créature au regard de feu, aux jambes exquises et drapée d'une belle robe longue. C'est une jeune actrice montante du cinéma anglais répondant au nom de Talulah Riley. Trois ans plus tôt, en 2005, elle a ainsi brillé en endossant le rôle de Mary Bennett dans le film *Orgueil et Préjugés* de Joe Wright, aux côtés de la non moins charismatique actrice Keira Knightley. Elle a ensuite rempilé en 2007 en interprétant avec brio le

1. Ashlee Vance, *op. cit.*
2. Il s'agit même du bar le plus prisé des stars et de la famille royale.

rôle d'Annabelle Fritton au sein de la délirante comédie *St Trinian's, pensionnat pour jeunes filles rebelles.*

La sensualité débordante de la jeune femme a tôt fait d'hypnotiser l'homme qui caresse les étoiles. Faussement timide, Elon lui présente comme un petit garçon les photos de ses voitures et de ses fusées Falcon. De son côté, Talulah ne saisit pas dans l'immédiat que Musk est le patron de plusieurs grandes sociétés. Sans rien comprendre à ce que lui raconte son intrigant interlocuteur, la jeune femme le trouve touchant. Nullement séduite dans un premier temps, elle se sent progressivement captivée au fil de la conversation. Son intérêt pour l'intrépide Sud-Africain augmente d'un cran quand elle constate qu'Elon vient d'éconduire un top model de renom pour mieux se rasseoir à sa table. Aussi accepte-t-elle qu'Elon pose délicatement sa main sur son genou. Il lui propose alors de se revoir dès le lendemain pour dîner. Une idylle insoupçonnée vient de commencer…

Deux fois mariés, deux fois séparés

Plus intriguée que subjuguée par ce grand garçon au visage juvénile, dans les heures qui suivent Talulah prévient ses parents de son insolite rencontre au Whisky Mist. « Un mec qui construit des autos et des fusées », précise-t-elle. En fin policier, son père vérifie sur Internet l'identité du curieux personnage. Diable, c'est un séducteur patenté, internationalement connu et qui est déjà père de cinq enfants ! Talulah tombe des nues, elle qui prenait Elon pour un homme inexpérimenté. Surprise sans être contrariée par cette nouvelle, elle sent vite sa curiosité excitée par cette cachotterie. Le soir même, Talulah rejoint Elon au restaurant, mais elle n'est pas seule. Son amie, l'actrice Tamsin Egerton, l'accompagne. Au cours de la conversation, Elon en vient à parler de son ex-femme et de ses cinq enfants sans que Talulah l'interroge sur le sujet. Sa bonne foi la rassure. Les événements s'accélèrent alors. Se promenant désormais seuls dans le quartier de Soho, les deux tourtereaux prennent un verre au Café Bohême avant de s'embrasser. Dès le lendemain, ils se revoient et visitent une galerie d'art. À aucun moment, Elon ne précipite leur relation en demandant de coucher avec elle. Il apprend d'ailleurs que Talulah est vierge. Comme promis la veille, il lui montre les dernières vidéos du lancement de la Falcon sur l'atoll de Kwaj. Talulah est emballée. L'originalité, la délicatesse et la courtoisie d'Elon ont été payantes.

Moins de deux semaines plus tard, Talulah prend l'avion pour Los Angeles et rejoint Elon dans une miteuse chambre d'hôtel à Beverly Hills. C'est alors que l'homme des fusées la demande en mariage. Pour toute réponse, Talulah éclate de rire. Mais Elon insiste : « Je suis sérieux. Je suis désolé de ne pas avoir de bague[1]. » Et la jeune actrice de vingt-deux ans de craquer devant cet homme de quatorze ans son aîné. Deux ans plus tard, le 25 septembre 2010, les deux protagonistes du Whisky Mist convolent en justes noces. Une relation pour le moins houleuse, ponctuée d'insultes, de réconciliations et de claquements de portes. Talulah et Elon divorcent finalement en 2012, moyennant la coquette somme de 4 millions de dollars versés à la jeune actrice, avant de se remarier en juillet 2013 puis de divorcer définitivement en octobre 2016. Résultat, Elon est contraint de verser encore 16 millions de dollars à Talulah. Décidément, son amour pour « le sexe dit faible » lui coûte cher. Il n'en est pas guéri pour autant. À peine sorti de sa relation avec Talulah, Elon remet le couvert avec une

1. Ashlee Vance, *op. cit.*

actrice non moins magnifique, Amber Heard, alors tout juste séparée de Johnny Depp. Une relation explosive…

Amber Heard, la relation de tous les scandales

Avec l'actrice américaine alors âgée de trente ans, Elon Musk tombe au plus bas, alimentant la presse à scandale la plus abjecte. Adultère, violence conjugale, ménage à trois, drogue et alcool, tout est réuni pour ficeler un mauvais feuilleton sur les sentiers les plus bourbeux d'Hollywood. « L'homme des étoiles » côtoie ici l'univers des bas-fonds de la diffamation.

Selon les rumeurs colportées par les tabloïds, la relation entre Elon et Amber aurait commencé dès le mois de mars 2015, alors qu'ils étaient tous les deux encore mariés. D'après Alejandro Romaro, le concierge de l'Eastern Columbia Building à Los Angeles, Elon et Amber se rendaient visite en catimini tard dans la nuit au loft de Johnny Depp. Ainsi laisse-t-il entendre qu'Amber Heard aurait trompé la star de la saga *Pirates des Caraïbes* avec l'entrepreneur surmédiatisé de SpaceX. Et le concierge d'ajouter qu'Amber aurait fourni à Elon la télécommande de son garage et même la clé de son appartement. Nonobstant, ce n'est qu'en avril 2017 qu'Elon et Amber officialisent leur relation sur les réseaux sociaux, notamment sur Instagram. Une idylle de courte durée, pas plus de quatre mois, mais riche de conséquences et de scandales. En effet, très rapidement, Amber Heard accuse Elon de l'avoir frappé. Preuve en serait le témoignage hallucinant d'une autre concierge de l'Eastern Columbia Building, nommée Trinity Esparza. D'après cette dernière, l'ex-épouse de Johnny Depp aurait quitté son appartement « avec des coupures et des bleus », quelques instants après que le patron de SpaceX fut sorti de l'immeuble. « Je ne sais pas d'où les marques venaient, mais elle les avait, précise Trinity, elle avait trois petites contusions rondes sur le côté gauche de son cou et deux pansements sur son bras. Elle avait également une légère marque sur la joue gauche. » De son côté, la propre mère d'Amber déclare que Johnny Depp est « soit un ange, soit un saint comparé à Elon ». Des propos diffusés par le *Sun*, toujours à l'affût d'infos croustillantes pouvant compromettre les stars. Et d'ajouter que Johnny Depp[1] et Elon Musk se seraient querellés à propos d'Amber. La star de *Pirates des Caraïbes* accuse en particulier l'entrepreneur le plus célèbre au monde d'avoir entretenu une relation privée avec Amber alors qu'ils n'étaient pas encore divorcés. Pour couronner le tout, le patron de SpaceX doit démentir de nouvelles rumeurs qui l'accusent d'avoir fait « ménage à trois » avec Amber Heard et son amie Cara Delevingne. « Cara et moi sommes amis, mais nous n'avons jamais été intimes. Elle le confirmerait. De plus, je souhaite confirmer à nouveau qu'Amber et moi n'avons commencé à sortir qu'un mois environ après sa demande de divorce. Je ne pense pas l'avoir intéressée pendant leur mariage ! Concernant ce procès, je recommanderais à toutes les personnes impliquées d'enterrer la hache de guerre et de tourner la page. La vie est trop courte pour une telle attitude négative. Personne ne dira, lorsque tout ceci sera terminé, qu'il

1. En 2019, Johnny Depp poursuit Amber Heard, avec qui il a été marié de 2015 à 2017, lui réclamant 50 millions de dollars après qu'elle l'a accusé de violences conjugales. Johnny Depp a toujours nié avoir levé la main sur elle. L'acteur a reçu le soutien de Javier Bardem, de Penelope Cruz et de ses ex-femmes Vanessa Paradis et Winona Ryder, qui témoignent en sa faveur. Le 2 novembre 2020, Depp perd son procès en diffamation contre le journal *The Sun*, qui l'a qualifié de « frappeur de femmes ».

aurait souhaité que cette bataille judiciaire dure plus longtemps », précise le milliardaire dans les colonnes du *Daily Mail.*

Le dernier rebondissement de la relation tumultueuse d'Elon avec Amber Heard remonte au 29 juillet 2020. Cette fois, c'est l'homme de SpaceX qui contre-attaque. Informé que l'actrice de trente-quatre ans a décidé de conserver les embryons qu'ils avaient congelés en 2017, Elon entend les détruire coûte que coûte. Sa crainte ? Qu'Amber veuille les garder pour avoir un enfant. C'est tout du moins ce que nous rapporte Jennifer Howell, une amie de Whitney Heard-Henriquez, la sœur cadette de la star. Entre-temps, Elon Musk s'est recasé avec une autre femme, âgée de trente-deux ans, la chanteuse canadienne Grimes, Claire Boucher de son vrai nom.

Un prénom qui vient du futur ?

« X Æ A-12 », un code extraterrestre ? Pas vraiment. Il s'agit du prénom énigmatique du dernier enfant d'Elon Musk. Le 4 mai 2020, Elon et Claire mettent en effet au monde le petit X Æ A-12, un prénom imprononçable à la hauteur de l'excentricité et de l'originalité qui caractérisent ce couple hors normes. Pour Elon, c'est son septième garçon. Sur Twitter, Grimes en dit plus sur la signification de ce prénom atypique : *X* pour l'inconnu, *Æ* comme l'inscription elfique pour AI (l'amour, ou l'intelligence artificielle), *A-12* pour le précurseur du SR-17, leur avion préféré. Le chiffre 12, quant à lui, symbolise le signe astrologique chinois du Rat, dont 2020 est l'année. Peu après, Elon Musk en personne explique quelque peu comment prononcer le prénom « imprononçable » de son nouveau-né. Aux dernières nouvelles, « X » se prononce comme la lettre de l'alphabet latin et « Æ » se lit « *ash* ».

Le prénom a beau enchanter le couple et les amateurs d'exotisme et d'ésotérisme, il n'en déplaît pas moins aux autorités californiennes. En effet, selon la législation en usage dans cet État, l'utilisation de chiffres dans un prénom est rigoureusement interdite. Sous leur pression, « 12 » devient donc « XII », l'équivalent en chiffres romains. En somme, un simple changement d'orthographe pour être conforme aux lois. Finalement, le jeune garçon se prénommera... X Æ A-XII ! Ne perdant rien de son originalité, le nouveau patronyme est toujours aussi imprononçable, mais il plaît aux parents. « Pour être honnête, c'est plus joli », confie la chanteuse. Le 21 juillet, alors que le bébé est tout juste âgé de deux mois et demi, l'homme de tous les défis spatiaux partage une photo de son fils qu'il tient délicatement dans ses bras. « Le bébé ne peut pas encore utiliser une cuillère », commente Elon avec amusement. Gageons que X Æ A-XII foulera le sol de Mars d'ici la fin du siècle et deviendra le porte-drapeau d'une ère nouvelle, celle de l'humanité qui aura enfin coupé le cordon ombilical avec la Terre. Elon Musk aura alors gagné son pari...

Table

DU MÊME AUTEUR (SUITE)

Les Thermopyles, la plus célèbre bataille de l'Antiquité, Larousse, 2011.

Rends-moi mes légions! Le Plus Grave Désastre de l'armée romaine, Larousse, 2010.

Le Mythe de la fin du monde, Trajectoire, 2009.

Mary Stuart, la reine aux trois couronnes, L'Archipel, 2009 ; Archipoche, 2019.

Les Derniers Jours des Romanov, L'Archipel, 2008 ; Archipoche, 2017.

Vauban, le maître des forteresses, L'Archipel, 2007.

Le Mystère des cathédrales, De Vecchi, 2007.

Les Grands Assassinats, Trajectoire, 2006.

La Seconde Guerre mondiale, De Vecchi, 2005.

Voyage au bout de la galaxie : premier guide touristique de la Voie lactée, JMG, 2004.

Le Temps manipulé, F. Lanore, 1996.

Le futur nous observe, Desforges, 1980.

Cet ouvrage a été composé
par Soft Office (à Eybens)

Impression réalisée par

NORMANDIE ROTO IMPRESSION S.A.S.
à Lonrai (Orne)

en avril 2021
pour le compte des Éditions de l'Archipel,
département éditorial
de la S.A.S. Écriture-Communication

Imprimé en France
N° d'impression : 2101475
Dépôt légal : mai 2021